CROIRE EN UN DIEU QUI N'EXISTE PAS

Klaas Hendrikse

CROIRE EN UN DIEU QUI N'EXISTE PAS

Manifeste d'un pasteur athée

Préface de Harry Kuitert

Traduit du néerlandais par Bertrand Abraham

LABOR ET FIDES

Cette publication bénéficie d'un soutien
de la *Dutch Foundation for Literature*

Avec le soutien de la Ville de Genève.

ISBN 978-2-8309-1420-7

1, rue Beauregard, CH – 1204 Genève
Tél. +41 (0)22 311 32 69
Fax +41 (0)22 781 30 51
e-mail : contact@laboretfides.com
Site internet : www.laboretfides.com

Diffusion en Suisse : OLF, Fribourg
Diffusion en France et en Belgique : Editions du Cerf, Paris
Diffusion au Canada : FIDES, Montréal

Sommaire

Avant-propos

Harry Kuitert

Croire en un Dieu qui n'existe pas – quèsaco ? Ou le type est devenu fou, ou il joue sur les mots, à moins qu'il ne sache pas ce qu'il dit. Si aucune de ces hypothèses n'est la bonne, ne reste alors qu'une solution : il pense et il sait ce qu'il dit. Eh bien, soit ! Klaas Hendrikse – il est pasteur après tout, comme il l'affirme lui-même – cherche à faire comprendre quelque chose au lecteur. Mais quoi ?

Pour ce qui est du « ne pas exister », on a vite fait de saisir. De fait, l'auteur règle prestement son compte à un Dieu existant. Il tend la main aux athées, se définit lui-même comme tel (mais revendique plutôt une autre façon de l'être, comme il y a toujours d'autres façons de préparer les pommes de terre), mais s'en prend en même temps à eux, car ce que combattent les athées n'est jamais qu'une caricature du christianisme dépassée et mise au rancart depuis longtemps. On le voit ensuite menant le même combat qu'eux, sans qu'il paraisse cependant s'agir alors d'une caricature tellement dépassée.

Mais bagatelles que tout ceci, qui relève davantage du balayage des décombres ou, plus exactement, de la mise à nu du tas de ruines après laquelle l'auteur pourra dire ce qu'il a à dire. A savoir que, si Dieu n'existe pas, il représente effectivement quelque chose.

Car avec Dieu – c'est du moins ce que nous croyions jusque-là – commençait la religion juive – à laquelle l'Eglise chrétienne ajouta par la suite une *extension* [1]. Sauf que ce n'est pas du tout ça : le Dieu d'Israël – puis de l'Eglise chrétienne – n'est qu'une contrefaçon, conçue par des générations postérieures, de l'univers religieux d'alors.

Quant à savoir ce que fut ce commencement – je ne crois absolument pas que les choses se soient déroulées comme l'auteur le déclare, mais cela est absolument sans importance – il est essentiel de se représenter ce point de départ pour comprendre Klaas Hendrikse. Israël sort d'Egypte, terre d'esclavage, et va au-devant de sa liberté. Délivrance accomplie par un Dieu Libérateur ? Aide divine qui débarrasse les Hébreux de leurs oppresseurs ? Pas du tout ! Il leur a fallu se débrouiller par eux-mêmes : pour se libérer, l'homme ne peut compter que sur ses propres moyens, faute de quoi rien ne se produit. Dieu se contente de confirmer son nom : « Allez, et j'irai avec vous » [2] – c'est ainsi qu'Hendrikse traduit le nom de Dieu tel qu'il apparaît dans le chapitre 3 du livre de l'Exode, à travers ce qu'on appelle le tétragramme c'est-à-dire les lettres YHWH. Nom souvent rendu par « je suis celui qui suis » [3]. Mais « mon voisin pourrait en

1. En français et en italique dans le texte. [N.d.T.]

2. Il s'agit ici, comme l'indique Harry Kuitert, de la traduction que donne Klaas Hendrikse lui-même d'Exode 3,12. On trouve aussi, plus loin, une variante de cette traduction, sous la forme : « Va, et j'irai avec toi. » Nous ne faisons donc pas ici appel à telle ou telle version française du texte biblique, mais nous nous tenons au plus près de la formulation de l'auteur. On peut toutefois noter que, parmi les traductions françaises, la version d'Ostervald est la seule qui ait recours à ce même verbe « aller » : « Va, car je serai avec toi. » Le lecteur verra plus loin que Klaas Hendrikse accorde une importance capitale à cet impératif initial, dont il justifie et commente l'emploi tout en reconnaissant qu'il ne figure pas dans le texte original hébreu. [N.d.T.] (cf. également note 3 ci-dessous et note 2, p. 56).

3. Exode 3,14. En ce qui concerne les citations bibliques, nous avons toujours pris le parti de faire appel, pour un passage donné, à la version française qui se rapprochait le plus du texte cité en néerlandais. Ainsi, nous référons-nous ici à la Bible d'Ostervald, là où le néerlandais emprunte à la Bible « der Staten Generaal der Verenigde Nederlanden », première traduction néerlandaise de la Bible, parue en 1637, et dont la mise en œuvre fut décidée au

dire autant », affirme Hendrikse. D'où ce changement de contenu : ce nom n'est pas celui du grand maître tout-puissant que nous avons à l'esprit, mais celui d'une expérience. Et n'inversons pas : il n'y eut pas d'abord un Dieu dont les hommes firent ensuite l'expérience, mais, au contraire, d'abord l'expérience humaine du « j'irai avec vous », expérience transformée par la suite en un être qui allait être appelé « Dieu ». Mais nous voilà du coup presque arrivés au moment où tout a dérivé. Les premiers à avoir fui la maison de servitude parlaient encore d'un sentiment de « je-suis-avec-vous » ; les générations ultérieures habillèrent ce sentiment comme on habille une poupée. Se conformant au type de relations que les peuples voisins entretenaient avec leurs dieux, Israël fit de son expérience originelle une poupée à habiller : dès lors, le malentendu, suscité par la religion juive puis par le christianisme, était né.

Tout commença avec l'expérience qu'eurent ces hommes, et qu'ils formulèrent par ce « j'irai avec vous », et c'est à elle que Klaas Hendrikse entend revenir. « Allez, et j'irai avec vous » entendu comme une expérience faite par des hommes qui sont en chemin, voilà la seule façon dont le mot « Dieu » signifie quelque chose. En tant qu'être supérieur tirant les ficelles, Dieu n'existe pas ; Dieu n'existe pas là où il n'y a pas d'hommes en chemin. En ce sens, « Dieu se produit », pourrait-on dire. Dieu n'a de signification qu'en tant qu'expérience d'hommes en route.

Le texte de Klaas Hendrikse tourne tout entier autour de cette donnée. Dieu n'existe pas, autrement dit : « Finissons-en avec

---

Synode de Dordrecht (1618-1619). Nous indiquerons donc, pour chaque citation biblique, les références de la traduction française citée, sans désormais justifier le choix de la version utilisée. En recourant à des versions différentes du texte biblique, et non à une version unique, nous ne faisons que reproduire la pratique de l'auteur, qui, selon les passages, sollicite telle ou telle traduction néerlandaise. Dans les cas où Klaas Hendrikse propose lui-même « sa propre » traduction (cf. note 2), nous la rendons le plus littéralement possible, sans nous en remettre à telle ou telle traduction en français. [N.d.T.]

cet Etre ». C'est dans la vie quotidienne et elle seule que s'expérimente ce que les hommes se sont jadis mis à désigner par les mots « je suis avec toi ». Donc, juste une expérience ? Précisément, et dont l'acquisition n'est pas spécialement liée à des situations extravagantes, mais à la vie même.

Dans un passage précis de son livre, Klaas Hendrikse élucide ce qu'il entend par là : nous lisons, quelque part dans la Genèse, que Jacob livre combat à l'Ange. Soit. C'est ce qu'il dit après coup, mais il s'est en fait simplement battu avec un homme rencontré sur son chemin, comme il est écrit. Ce combat, Jacob l'a toutefois vécu comme une expérience particulière : comme un combat avec Dieu. On peut – telle est l'intention recherchée – ressentir la chose autrement, tout comme l'ancien peuple d'Israël a vécu autrement sa délivrance. La seule chose à ne pas faire, c'est de transformer l'expérience qu'on a de Dieu en un Dieu concret, existant.

Voilà qui demande à être expliqué plus avant, bien sûr. C'est ce à quoi s'emploie l'auteur, avec prodigalité, parfois même de façon si profuse qu'il faut un peu ouvrir l'œil pour voir s'il ne va pas, çà et là, trop vite en besogne. Mais même quand cela lui arrive, la règle fondamentale n'en est pas affectée : ne faites pas de l'expérience de Dieu un Dieu qui existe !

La vie n'est, au quotidien, qu'une accumulation d'expériences ; elle *consiste* en expériences. A quoi reconnaît-on une expérience ? Au fait que quelque chose, quelqu'un ou un événement devient signifiant pour nous. Expérimenter c'est advenir au sens, et ce sens, l'homme peut l'emplir de Dieu.

Est-ce bien nécessaire ? En avons-nous besoin ? Franchement, non, car l'humaniste, l'athée ou n'importe quel individu peuvent avoir la même expérience que le croyant. Or seul ce dernier y ajoute Dieu. L'expérience elle-même ne s'en trouve pas modifiée. Pourquoi donc y introduire Dieu ? Parce que l'homme trimballe partout son petit sac à dos[4] contenant son éducation, sa

4. Voir chapitre 2. [N.d.T.]

culture, la langue qui est la sienne, toutes choses grâce auxquelles il explique aux autres ce qui lui arrive, ce qu'il vit, ce à quoi il se plie, et cela même qui le rend inflexible. De là, Dieu.

Sans notre sac à dos d'Occidentaux, nous ne soufflerions pas mot de Dieu : les Chinois sont muets sur ce chapitre. Ils font des expériences auxquelles Klaas Hendrikse accroche l'étiquette « Dieu », mais eux y attachent une autre étiquette. Si Hendrikse peut formuler les choses ainsi, c'est que le malentendu consistant à postuler d'abord l'existence d'un être appelé Dieu dont, ensuite, nous pourrions faire l'expérience, a été dissipé. Inversons, une fois encore : l'expérience est première ; ce n'est qu'ensuite qu'on peut y associer le nom de Dieu.

L'expérience est toujours personnelle, c'est toujours ma propre expérience (songeons à Jacob), en ce sens que c'est moi qui ai rencontré quelque chose qui m'a marqué, a donné à ma vie plus de profondeur, m'a fait expérimenter autrement cela même que d'autres avaient vécu, et de ce fait a transformé mon existence. Les expériences étant différentes d'un individu à l'autre, chacun de nous peut lui-même décider de la place qu'il entend faire à ce nom, à ce mot « Dieu ». Mon Dieu n'est pas ton Dieu. C'est ce que l'auteur voudrait voir explicitement établi. On ne saurait concevoir de doctrine, et encore moins de doctrine vraie se rapportant à Dieu.

Qu'est-ce donc alors que croire ? Cela ne consiste pas à avoir des idées, mais à acquérir une forme de confiance, à oser la confiance, à la choisir. Et ici, tout se tient, car la confiance a besoin des expériences, elle ne peut se passer d'elles, et vice-versa : nous ne pouvons nous sentir interpellés par ce qui vient à notre rencontre qu'à condition de nous ouvrir, d'accepter de courir le risque d'un éventuel échec. Bref : la confiance découle de la vie comme la vie découle de la confiance. Pour désigner cette attitude dans laquelle nous prenons conscience que nous ne sommes pas tout-puissants mais tributaires de ce qui vient à notre rencontre et qui nous aide à nous réconcilier avec nous-même, Hendrikse forge l'expression ad hoc de « dépendance mature ».

Et que fait un pasteur qui croit en un Dieu qui n'existe pas ? Hendrikse nous explique ses intentions : il s'agit d'enlever Dieu du piédestal sur lequel on l'a placé pour le retrouver dans le monde terre à terre, l'univers où nous vivons nos vies.

Et l'Eglise ? Klaas Hendrikse est suffisamment réaliste pour dire qu'il ne compte pas sur l'approbation des Eglises. Là n'est pas le plus grave à ses yeux, car elles sont de toute façon dos au mur ; il leur faut impérativement faire quelque chose si elles veulent encore compter, mais elles ne savent que faire. Rester sur la même ligne ? L'auteur donne un exemple parlant. Supposons que par un beau dimanche matin, quelqu'un se retrouve plus ou moins par hasard au temple. La première chose qu'entend le visiteur ingénu est ceci : « Notre aide est dans le nom du Seigneur qui a créé le ciel et la terre. » Un pratiquant fidèle est encore capable de décrypter à travers ces mots une formule rituelle héritée de lointains ancêtres. Mais cet invité surprise ? Le voilà ressorti ; il ne remettra plus les pieds dans un lieu de culte.

Klaas Hendrikse propose que l'Eglise soit le lieu d'une autre façon de faire : qu'on y échange des expériences lors desquelles l'on a acquis ce sentiment du « il vient avec ». « C'est peu de chose » [5], comme dit le chanteur, et je le répète après lui. Mais, il n'y a, selon Hendrikse, pas davantage à grappiller, et du reste, c'est toujours mieux que ce qui, chez Sartre, se dit : *« [...] continuons. »* [6]

Alors lisons Hendrikse. Prendre pour argent comptant tout ce qu'il écrit ? Bien sûr que non ; je m'en garde bien, en tout cas. Mais outre l'humour – parfois méchant – que je trouve à ce livre (surtout lorsque l'auteur casse du sucre sur le dos de l'Eglise protestante aux Pays-Bas [7]), j'y vois aussi, alors que le vent

---

5. Allusion à la chanson *Veel is het niet* de Jeroen VAN MERWIJK. [N.d.T.]

6. En français dans le texte. C'est par les mots « Eh bien, continuons ! », prononcés par Garcin, que se termine *Huis Clos*. [N.d.T.]

7. L'Eglise qui a aujourd'hui pris le nom d'Eglise protestante aux Pays-Bas (PKN : *Protestantse Kerk in Nederland*) est née officiellement le 1er mai

tourne, une tentative pour formuler ce à quoi le mot « Dieu » peut servir, une fois purgé de toute référence à un Etre d'en haut et à tout ce qui va avec. Une tentative qui force le respect.

Mai 2007.

2004, et résulte de la fusion de l'Eglise réformée (*Hervormde Kerk*), de l'Eglise dite en français Re-réformée (*Gereformeerde Kerk*), et de l'Eglise luthérienne (*Lutherse Kerk*). [N.d.T.]

Ce Dieu, que nous nommons, que nous nous représentons de façon précise et imagée, dont nous attestons sans difficulté l'existence, n'est pas un dieu, mais une idole…

Cornelis Verhoeven, *Autour du vide.*

Faisons connaissance

Je n'étais pas prédestiné à devenir pasteur. Fils d'un père athée, et d'une mère s'étant peu à peu égarée dans cette direction, je suis venu au monde en 1947. Mon père était vétérinaire à Groot-Ammers, village dans lequel, à l'époque, on levait son chapeau ou sa casquette devant le pasteur. Groot-Ammers se trouve dans l'Alblasserwaard, région où jusqu'à aujourd'hui, la Parole de Dieu est annoncée, pleine et entière.

Je ne l'ai du reste pas entendue dans ma jeunesse, car j'ai reçu une éducation résolument athée, et c'est seulement à l'âge de vingt-trois ans que j'ai assisté à mon premier culte. Ce qui, une fois encore, n'a pas suscité en moi d'élan religieux. « Une fois encore », parce que antérieurement – j'avais alors environ huit ans – j'étais allé, par ordre de mon père, au presbytère présenter mes excuses au pasteur envers lequel j'avais tenu des propos inconvenants.

Je ne puis reconstituer la scène avec précision, mais je suppose que le caractère traumatisant de ces dix minutes n'a pas peu contribué à l'impression de malaise que l'« Eglise » suscite depuis lors en moi. J'ai beau avoir entre-temps exercé pendant plus de vingt ans mon ministère, il m'arrive parfois de me réveiller, de passer une jambe hors du lit, de constater que je suis pasteur, et, saisi d'étonnement, de m'enfoncer derechef dans les oreillers : Moi ? Pasteur ? La vie peut prendre un drôle de tournant. Ou encore – si l'on préfère – (mais ce n'est pas ce que je dirais), les voies du Seigneur sont impénétrables.

On m'a fait comprendre, dans mon enfance, que Dieu n'existait pas, que croire et aller à l'église, c'était bon pour les autres. Auprès des parents de mes camarades de classe, et même dans ma famille, j'ai pu saisir ce qui était différent chez ces autres : ils faisaient comme si Dieu existait. Lorsque, plus tard, je suis allé porter les factures aux clients du cabinet vétérinaire, j'ai été confronté à cette « différence » au contact des paysans et des paysannes. J'ai vu ce qu'étaient leurs conditions d'existence, que nous qualifierions aujourd'hui « d'inférieures à la moyenne », comment ils s'accommodaient de ressources limitées, de la bonne ou de la mauvaise fortune, quels rapports ils entretenaient les uns avec les autres. J'avais l'impression qu'il y avait chez eux quelque chose que je ne connaissais pas dans mon propre milieu : une espèce d'acceptation de la vie telle qu'elle est. Cette attitude n'allait pas de soi, mais venait d'ailleurs, tel un « don », et l'on aurait dit que leur était donné en même temps un appui, un encouragement à prendre ce qui leur était réservé ou « destiné ». Parler de résignation serait réducteur, parler de confiance, excessif – je sentais aussi en eux comme de la réticence.

Je ne parvenais pas alors – et c'est encore le cas aujourd'hui – à mieux traduire ces impressions. Mais je me suis senti touché et intrigué : s'il est vrai qu'ils croyaient en un Dieu qui n'existe pas, pourquoi donc faisaient-ils comme si Dieu existait ? J'avais compris qu'on ne peut régler le problème en disant : « C'est qu'ils s'en laissent conter ! Tout cela n'a aucun sens ! »

J'ai fait mon service militaire, mes études, et j'ai travaillé au sein d'une entreprise. Je n'avais ni l'envie, ni le temps, ni le besoin de m'occuper de questions spirituelles, et encore moins de Dieu. Une fois marié et plus ou moins « établi », la question s'est à nouveau posée : qu'y a-t-il de tellement différent chez ces autres ? Et si ce Dieu auquel ils croient n'existe pas, comment peut-il donc avoir un sens pour eux ?

Bref, j'ai fini par faire des études de théologie. Cela m'a beaucoup appris, surtout concernant ce que je désigne désormais sous le nom de « non-Dieu ». La dogmatique, en particulier, m'a solidement ancré dans mon athéisme. Tout sauf pasteur ! Tel paraissait être l'horizon qui s'ouvrait devant moi.

Durant mes dernières années d'études j'ai suivi quelques ateliers de la série « Psychosynthèse et Religion », organisés par Dolf Coppes [1]. Une fenêtre s'est ouverte qui ne s'est jamais refermée ensuite : c'est donc possible ! On peut être croyant, et même chrétien, sans être obligé de croire que Dieu existe.

Pris alors d'enthousiasme pour le ministère pastoral, je doutais qu'il y ait des communautés susceptibles de juger recevables mes convictions. Il se trouve qu'il y en a eu – qui plus est, en Zélande. La vérité m'oblige à dire que je n'ai pas, lors de mes premiers contacts, abordé la question de l'existence de Dieu. Et ce problème n'a pas non plus été soulevé par mes interlocuteurs. Je suppose que la réponse était considérée comme allant de soi. Je m'en suis tenu à cela, et c'est ainsi que je suis devenu pasteur, tout d'abord à Zierikzee, à quoi Middelburg s'est ajouté par la suite.

C'est là qu'un soir, lors d'une réunion paroissiale, j'ai lancé un ballon d'essai en affirmant : « La foi de la plupart des gens repose sur la conviction que Dieu existe. Ma foi repose sur la conviction que Dieu n'existe pas. » C'était, en plus d'une faute de débutant qui a failli me faire perdre mon poste (le pasteur ne croit pas en Dieu !), une affirmation d'athéisme au sens propre :

1. Adolf Robert (dit Dolf) Coppes (1925-2001) : prêtre catholique néerlandais engagé dans le Parti radical (*Partij Politieke Radikalen*) dont il fut l'un des fondateurs et qu'il présida quelque temps. Cette organisation progressiste est devenue aujourd'hui le parti de la « Gauche Verte » (*Groen Links*). Coppes siégea au Parlement néerlandais entre 1972 et 1977. Il créa un service d'aide psychologique et social par téléphone, un mouvement de solidarité avec l'Amérique du Sud, et se retira de la vie politique active vers 1980. Il s'attacha alors à mettre en accord la méthode de psychosynthèse définie par le docteur Roberto Assagioli et ses convictions théologiques. Coppes s'est marié et a eu deux enfants. [N.d.T.]

je soutenais que je ne croyais pas en un Dieu dont les autres soutiennent qu'il existe. C'est précisément ce que font ou devraient faire les athées.

Je continue à défendre cette position, mais pour éviter des malentendus, je la formule aujourd'hui de façon différente : je dis que « le mot “exister” ne s'applique pas à ce que j'appelle “Dieu” », signifiant par là qu'on ne peut ranger (mon) Dieu dans la catégorie des phénomènes que le verbe « exister » permet de décrire. Le choc provoqué en retour est généralement moindre, mais cela revient au même : Dieu n'existe pas. Et entre-temps, l'expérience m'a enseigné qu'il me fallait aussitôt ajouter que je crois bel et bien en Dieu, et qu'on ne saurait assez le répéter : ce que je fais une fois de plus par ces mots mêmes !

Athée et pasteur, est-ce compatible ?

A première vue, voilà une association impossible, car un athée ne croit pas en l'existence de Dieu, alors qu'un pasteur y croit. A la réflexion, les choses sont un peu plus nuancées : des athées et des pasteurs, il y en a de toutes sortes et de tous calibres.

Une première observation : qu'est-ce qu'un athée ? Un athée ne croit pas à l'existence de Dieu. Il *ne croit pas* en une chose, à savoir en l'existence de Dieu. Ou bien, *il croit bel et bien* en quelque chose, à savoir en la non-existence de Dieu. Pour moi, c'est du pareil au même, mais comme de nombreux athées sont pris de démangeaisons rien qu'à la pensée qu'en fin de compte, ils croient vraiment en quelque chose, je renonce désormais à cette dernière formulation.

Et qu'est-ce qu'un pasteur ? Est-ce quelqu'un qui croit en l'existence de Dieu ? C'est ce qu'on attendrait en effet d'un théologien. Il y a sans nul doute des pasteurs qui confessent cette croyance, mais je suppose qu'à la question « Crois-tu en l'existence de Dieu ? », la plupart d'entre eux ne se contentent pas de répondre « oui »[2]. Et ils ont raison, car « oui » signifie qu'ils croient en quelque chose qui existe. Et l'on peut dire beaucoup de choses de Dieu, mais pas qu'il existe. Tout pasteur qui souscrit à cette dernière assertion est donc, à proprement parler, un athée. Mais je n'en ai encore pas rencontré un seul qui se dise tel.

Dire que Dieu n'existe pas, c'est, pour un pasteur, une prise de position risquée. C'est pourquoi j'écris ce livre *maintenant*, et non, comme j'en avais l'intention, après mon départ en retraite. Je ne veux pas entendre dire après coup que j'ai beau jeu de parler parce que je ne peux plus être exclu de l'Eglise.

J'espère, bien sûr, que nombre de pasteurs et de croyants se convertiront à l'athéisme après avoir lu ce livre, et – quoi que je me fasse moins d'illusions en ce sens – que de nombreux athées vont, inversement, se mettre à croire en Dieu, dont quelques-uns, au moins, deviendront pasteurs. D'un côté comme de l'autre, le pas à faire paraît plus grand qu'il ne l'est réellement, car pasteurs et athées ont un point commun : ils ignorent qui ou ce qu'est Dieu, mais pour peu qu'ils le reconnaissent, ils perdent toute raison d'exister.

J'ai écrit le sourire aux lèvres. Pasteur jusqu'à la moelle et athée dans l'âme, je me suis senti libre de prendre à partie l'athée comme le pasteur, et, à parler franc, j'y ai pris beaucoup de plaisir. J'espère que mon lecteur en éprouvera autant et qu'il s'instruira, peut-être.

Ce livre ne promet pas d'être captivant, puisque sa conclusion est déjà assurée : un pasteur peut être athée ou un athée pasteur. Quand bien même je serais le seul, j'en suis un, un poil plus atheur que pasthée, peut-être, mais n'empêche…

---

2. Cette supposition a été entre-temps confirmée : selon une enquête de l'IKON (*Interkerkelijke Radio Omroep Nederland*) [service radiophonique interconfessionnel néerlandais] datant de 2006, un pasteur sur six n'est pas – ou n'est plus – convaincu de l'existence de Dieu.

Pour qui est-ce que j'écris ?

Le lecteur que j'ai imaginé tout au long du processus d'écriture ne connaît pas grand-chose. Un lecteur doutant de l'existence de Dieu, n'y croyant pas du tout, ou n'y croyant plus, et se demandant ce à quoi on peut encore croire si Dieu n'existe pas (à des tas de choses, assurément).

Dans l'Eglise, je me le représente comme quelqu'un qui, chaque semaine, éprouve l'étendue de la différence entre sa propre expérience religieuse et ce langage de l'évidence par lequel l'institution réduit au silence toute forme de doute portant sur l'existence de Dieu. Mais cette évidence ayant, pour lui, cessé d'en être une, il ne se sent alors, pour ainsi dire, pas pris au sérieux ; on ne prête pas attention à ses questions ou on les esquive.

Hors de l'Eglise, il m'apparaît sous les dehors de quelqu'un qui, déçu, s'est détourné de la communauté au cours des dernières années, a cessé certes de pratiquer mais n'en est pas pour autant devenu incroyant. Il a délaissé les réponses, mais s'est saisi des questions. Peut-être se dit-il « quelquechosiste »[3] et croit-il en quelque chose, sans donner le nom de Dieu à ce quoi il croit, parce qu'il est devenu allergique à ce que, dans les Eglises, on entend par ce mot.

Hors de l'Eglise encore, je vois en lui quelqu'un qui picore çà et là sur le marché de la religion et de la quête de sens, tentant par là de composer son propre paquetage spirituel. Il veut vivre en ouvrant son esprit à autre chose qu'à la superficialité de la vie

3. Le mot *ietsist* est, en néerlandais, un néologisme ingénieux et phonétiquement amusant. Présentant un parallélisme phonétique parfait avec le mot *atheist*, il est formé sur *iets* (« quelque chose »). L'*ietsist*, à la différence de l'*atheist*, croit plus ou moins en « quelque chose », sans que soit définie la nature de ce à quoi il croit. *Ietsist* correspond à l'anglais *somethingist*, et est généralement rendu en français par le néologisme « quelquechosiste », que nous adoptons ici, bien qu'il n'ait pas, sur le plan phonétique, la grâce du mot néerlandais. [N.d.T.]

quotidienne, n'a ni parti pris, ni idées préconçues à l'égard du mot « Dieu », et suppose que ce mot doit renvoyer à l'objet même de sa quête.

Je le vois, cherchant partout, hormis dans l'Eglise. Il sait qu'il ne trouvera rien dans une institution qui donne des réponses moyenâgeuses à des questions de notre temps.

Je me sens l'allié du lecteur dans le doute qui, se débattant contre des représentations éculées, voudrait bien se débarrasser de ce que les Eglises disent de Dieu, mais non se départir de ce qu'il croit personnellement. Je suis du côté de ceux qui sont égarés par des théologiens qui font « comme si Dieu existait » ou – pire encore –, considèrent la question de l'existence de Dieu comme dépassée ou sans pertinence. Et je me sens proche de tous ces chercheurs de sens qui, pressentant qu'il y a *plus* que ce que nos yeux nous permettent de voir, n'en continueront pas moins à éviter le mot « Dieu » tant qu'il ne sera pas affranchi du lest dont le charge l'Eglise.

Un livre facile à lire

Je m'adresse ici à des gens comme tout le monde.

Disant cela, je m'inscris en même temps dans une visée critique : pour écrire ce livre, j'ai consulté et lu une grande quantité d'ouvrages, qui, pour un non-théologien, sont, presque sans exception, illisibles. Il devrait en être autrement, ne serait-ce que pour une simple raison : *si* Dieu avait eu un dessein – ce que je ne crois pas –, celui-ci n'aurait certainement pas consisté à vouloir embarrasser l'humanité avec des énigmes que seuls des théologiens peuvent résoudre.

Donc pas de mots difficiles. Pour les amateurs, j'ai, dans un appendice, dressé une liste de « termes intentionnellement évités »[4].

---

4. Voir en fin d'ouvrage. [N.d.T.]

Un livre qui n'est pas chrétien

Pour croire en Dieu, Jésus n'est pas absolument nécessaire. D'un point de vue religieux, je considère le christianisme comme une voie (d'embranchement) sur laquelle, en tant qu'Ouest-Européens, nous nous sommes retrouvés de façon plus ou moins fortuite. Je ne renie pas cette voie, mais j'en relativise l'importance. A mes yeux, la fixation que l'Eglise fait sur Jésus constitue une fausse piste. Jésus n'était lui-même pas chrétien. J'admire en lui un homme exceptionnel, qui, à sa manière, a montré ou a vécu ce qu'est Dieu comme d'autres l'ont fait avant et après lui. J'accorde davantage de valeur à la tradition biblique qu'à celle de l'Eglise. Du fait que le hasard m'a fait naître aux Pays-Bas et non en Thaïlande, il ne m'est pas, par exemple, venu à l'esprit de me faire moine bouddhiste, mais me voilà pasteur en charge d'une Eglise, la Bible étant la source fondamentale de mon inspiration religieuse.

Masculin et féminin

Ce qui n'existe pas n'a pas de genre. Si je dis « il » en faisant référence à Dieu, c'est simplement pour éviter d'avoir parfois à employer le mot « Dieu » à trois reprises dans une même phrase. Même lorsque je fais référence à un être humain, j'emploie généralement le pronom « il ». J'espère qu'« elle » le comprendra.

Excuses préliminaires

Ce qui à l'origine n'était que des notes s'est transformé, au fil des années, en mon propre discours. Il n'est pas exclu de ce fait que quelqu'un puisse rencontrer ici des propos qui lui appartiennent, sans voir son nom mentionné en tant que source. Je l'invite à considérer cela comme un compliment.

Un mot sur le contenu…

Je ne crois pas en l'existence de Dieu. En revanche, je crois en Dieu.

La non-existence de Dieu n'est pas pour moi un obstacle, mais une condition pour croire en Dieu. Je suis un athée croyant.

Dans le premier chapitre, j'explique plus précisément la notion d'athéisme, je tente de voir un peu plus clair dans le flou qui entoure les mots « exister » et « existence », et je m'emporte quelque peu contre des confrères en théologie qui soutiennent que la question de l'existence de Dieu est sans importance. Bible en main, je me rallie aux athées pour dire que Dieu n'existe pas, et, pointant un doigt accusateur vers l'Eglise, j'affirme que ce qu'on nomme Dieu en son sein est l'effet d'un malentendu historique : ce Dieu-là n'a jamais existé. Le fait que la foi des chrétiens en un Dieu tout-puissant est basée sur un fondement biblique douteux a constitué, jusqu'à la fin du Moyen Age, un secret bien gardé. Plus tard, avec le développement des sciences, cette croyance est devenue de plus en plus indéfendable. A mon sens, elle est aujourd'hui l'agent catalyseur de la perte d'intérêt pour l'Eglise : si les gens n'y sont pas pris au sérieux, ils la quittent automatiquement.

Le deuxième chapitre traite de l'acte de croire, qui se rapporte davantage à la vie qu'à la religion. Le sens originel du mot « croire » est « faire confiance », et, à l'instar de la vie, la confiance repose sur la mobilisation d'expériences. Dieu *peut* être le mot par lequel nous désignons une expérience, mais il n'y a là aucune nécessité. M'appuyant sur la Bible, je définis Dieu comme « ce qui accompagne des hommes en chemin ». C'est pourquoi je dis que Dieu n'existe pas, mais qu'il se produit, ou *peut* se produire. Pour cela, les hommes sont indispensables. Sans les hommes, Dieu n'est nulle part.

Le troisième chapitre répond à des questions fréquemment posées : qu'est-ce qu'a à faire dans une Eglise, un pasteur qui ne croit pas à l'existence de Dieu ? Et comment toi, Klaas Hendrikse, t'y prends-tu ? Comment en uses-tu face à la tradition, à la liturgie, à la prière, à la mort et à la maladie, dans ta paroisse ?

Dans le quatrième chapitre, je fais un petit tour – qui a de quoi rendre sombre – dans et autour de l'Eglise – avant de terminer sur une note pleine d'espoir : mais oui, il y a encore un avenir pour l'Eglise, grâce à l'athéisme ! Soutenu par cette conviction, j'esquisse alors l'image d'une Eglise future idéale.

I.

DIEU N'EXISTE PAS

L'ATHÉISME, À RAISON ET À TORT

Disons tout d'abord que je n'ai pas entrepris d'écrire ce livre pour convaincre qui que ce soit que Dieu n'existe pas.

J'ai grandi parmi des gens qui, convaincus de l'existence de Dieu, faisaient de cette conviction l'axe de leur vie. Je me remémore nombre d'entre eux avec affection et respect. Et je porte ce même respect à des hommes et à des femmes qui, aujourd'hui, vivent ancrés dans la conviction que Dieu existe. Je suis, bien évidemment en désaccord avec eux, puisque j'ai la conviction que Dieu n'existe pas.

Une majorité d'individus, dans l'Eglise ou hors d'elle, se situe à mi-chemin entre ces deux positions, et doute de l'existence de Dieu. Ils ont probablement, pour la plupart, été nourris de l'idée que croire en Dieu implique de façon plus ou moins automatique que l'on croie *aussi* qu'il existe. Mon message ne prétend pas qu'il ne faut pas croire en l'existence de Dieu, il dit que cela n'est pas nécessaire : point n'est besoin de croire que Dieu existe pour pouvoir croire en Dieu.

Si ça n'existe pas, ça ne peut pas faire de mal... [1]

Que veut-on dire lorsqu'on emploie l'énoncé : Dieu (n')existe (pas). Cela dépend en premier lieu de ce qu'on entend par le mot « exister ». Il y a autour de ce mot pas mal de flou, surtout chez les théologiens qui tiennent manifestement à éviter la clarté. Dans cette partie, je leur demande des comptes, et pas des moindres, puisqu'ils ont fui devant la responsabilité qui est la leur, de prendre au sérieux les questions et les doutes des croyants, et d'y répondre, dans la mesure du possible.

Une image vague et brumeuse de Dieu dans l'Eglise ne sert pas non plus la « partie adverse », car la négation de l'existence d'un banc de brouillard ne suffit pas pour être athée.

Même la notion d'« athéisme » est entourée de flou, et les jugements des athées sur Dieu et la foi sont rarement sensés, la plupart du temps déraisonnables, voire caricaturaux, parfois. En conséquence de quoi il n'y a que peu de gens qui se déclarent athées, alors qu'en fait, ils le sont. J'essaierai d'apporter un peu de clarté dans cette confusion.

J'entends ensuite, Bible en main, montrer qu'un athée a de bonnes références : le Dieu, dont d'autres affirment l'existence,

---

1. L'auteur joue ici sur un dicton néerlandais très employé qu'il transforme. Sa forme attestée, *Baat het niet, dan schaadt het niet*, peut se traduire par « Si ça ne fait pas de bien, ça ne fait pas de mal non plus », « cela ne sert, ni ne nuit », ou – traduction beaucoup moins littérale fournie par certains dictionnaires – « on ne risque rien à essayer ». La première forme verbale de l'énoncé originel (*baat*) est ici remplacée par *bestaat* (de *bestaan* qui signifie « exister »), ce qui permet, évidemment, de faire le lien avec le propos de cette partie. Le reste du dicton reste inchangé. La ressemblance phonétique entre la forme initiale et la forme transformée est flagrante et le lecteur néerlandais perçoit évidemment le dicton primitif sous le dicton transformé. Il est impossible en français de partir d'un dicton existant, compte tenu des contraintes de sens qui imposent notamment l'emploi du verbe « exister » par référence à la thématique de l'existence ou de la non-existence de Dieu. D'où cette traduction qui ne rend qu'imparfaitement l'original. [N.d.T.]

n'existe pas. Qui plus est, l'idée de l'existence de Dieu repose sur un malentendu historique. Et sur un malentendu biblique : à l'origine, Dieu n'existait pas ; la cause dont il tire son existence a été « empruntée » aux païens. Cet emprunt n'ayant jamais été remboursé, il s'ensuit que le christianisme est jusqu'au jour d'aujourd'hui farci de paganisme.

Quand l'Eglise est apparue, le Dieu d'Israël – initialement simple dieu parmi les dieux – était déjà devenu l'unique et le plus grand, et ne supportait aucun autre dieu près de lui. On a donné le nom de « monothéisme » à cette forme de dictature : il n'y a qu'un seul Dieu.

L'oppression va toujours de pair avec la résistance. Afin d'appuyer l'autorité suprême de ce détenteur du pouvoir qu'était Dieu, l'Eglise l'a proclamé « Tout-Puissant ». Ce faisant, elle creusait sa propre fosse. Comme entre-temps, elle-même s'était à son tour érigée en institution toute-puissante, elle n'est tombée dedans que beaucoup plus tard. L'actuelle désertification des Eglises a tout à voir avec l'abandon, par les fidèles, d'une image de Dieu indéfendable qui, durant des siècles, a été maintenue contre toute raison et par tous les moyens – par le fer, et par le feu au besoin.

Au XVIe siècle sont apparues les premières éraflures, et sous l'effet du développement de la science durant les siècles suivants, Dieu s'est vu obligé de céder constamment du terrain.

A la fin de ce chapitre, je m'emploierai à démontrer que le « croire » et la science peuvent parfaitement s'accorder pour peu que l'un et l'autre s'en tiennent à des règles déterminées. Pour ce qui est de l'Eglise, ceci implique que si elle entend constituer, à notre époque, un partenaire sérieux sur des sujets tels que la théorie de l'évolution et le *dessein intelligent*, elle doit renoncer à la notion de « toute-puissance ».

De l'existence ou de la non-existence de Dieu

Je pense, donc je suis[1].

« [...] Celui qui s'approche de Dieu doit croire qu'il existe » dit l'épître aux Hébreux[2]. Le malentendu ne peut pas être formulé de façon plus brève et lapidaire : croire en Dieu, c'est croire qu'il existe. Mais par cette formule, ou la foi triomphe ou elle sombre : car si Dieu n'existe pas, comment pourrait-on croire en lui ? En fait, elle sombre, purement et simplement, car soutenir que Dieu existe aboutit à des difficultés insolubles. On se retrouve réduit à dire : « oui, il est probable qu'il existe », ou « il n'existe probablement pas ».

Mais il est impossible que Dieu puisse exister à la manière d'une tarte aux pommes. Autrement dit : Dieu échappe à la catégorie des phénomènes à propos desquels le verbe « exister » peut être employé de façon sensée. Pour parler plus simple et plus clair : Dieu n'existe pas.

Celui qui nie l'existence de Dieu n'est certainement pas un négateur de Dieu. De fait, c'est l'inverse qui est vrai : celui qui prétend que Dieu existe est un négateur de Dieu. Car un croyant, précisément, est conscient que Dieu n'existe pas, comme existe, dans notre monde réel, quelque chose ou quelqu'un d'autre.

---

1. René DESCARTES (1596-1650), page de titre de la première édition (1637) du *Discours de la Méthode*.

2. Epître aux Hébreux 11,6. (Traduction Œcuménique de la Bible [TOB], Paris/Villiers-le-Bel, Cerf/SBF, 10e édition 2004.)

Je pense, donc je pense que je suis[3].

J'ai conscience qu'entre Dieu et une tarte aux pommes s'étend un espace au sein duquel l'on pourrait discourir de façon plus nuancée de l'existence. Ce que l'on peut dire des atomes, des ondes sonores, de la beauté, du bonheur, du chagrin, des illusions et du goût d'une tarte aux pommes excède évidemment les simples considérations sur leur existence ou leur non-existence.

S'agissant de Dieu, dont je traite ici, cela est sans importance. Même s'il me fallait admettre que Dieu « existe autrement » qu'une tarte aux pommes (ce que je ne fais pas), je verrais là un argument de plus pour ne pas appliquer le verbe « exister » à Dieu. Autrement dit – et je m'adresse ici aux théologiens : si Dieu existe d'une *autre façon*, appelez donc cela autrement, et cessez d'utiliser le verbe « exister ».

Diverses discussions et publications m'ont amené à la conclusion que nombre de mes collègues théologiens et pasteurs convenaient que Dieu n'est pas une tarte aux pommes. Pour la plupart d'entre eux, dire cela c'est, semble-t-il, tout autre chose que d'affirmer franchement que Dieu n'existe pas. Il y en a qui tournent autour du pot, en déployant parfois une créativité inégalable. Ainsi par exemple : « Dieu est si grand qu'Il n'a pas besoin d'exister. »[4] Ou bien : « Dieu existe dans le rite, ou le temps d'une prière, sans qu'il ait d'existence ailleurs. »[5] Ou encore : « Dieu n'existe pas mais Il “est”. » Ou enfin : « Dieu est présent, Il comprend, Il entend, mais n'est pas un être existant. »[6]

---

3. Libre adaptation de Descartes.

4. Titre d'un livre de Gerrit Manenschijn, professeur émérite d'éthique.

5. Transcription faite à partir de diverses déclarations.

6. La citation, empruntée à Anne van der Meiden, théologien et professeur émérite spécialiste de la communication de masse, a été publiée dans le magazine *VolZin* (littéralement : « PleinSens ») du 2 janvier 2004. Elle joue sur une juxtaposition de verbes (*staan/verstaan/bestaan*) apparentés lexicalement, et rimant entre eux. La place qu'a le signifiant dans une telle formule est essentielle par rapport à la visée polémique de l'auteur : l'aspect (pseudo-) poétique

Soit dit sans offense, j'appelle cela faire des bulles. L'existence de Dieu n'est ni assurée, ni niée, mais noyée dans le brouillard. Le théologien reste ainsi hors d'atteinte, Dieu lui-même ne comprend guère plus s'il existe ou pas, et le quidam ordinaire n'y comprend absolument plus rien.

Si je pose à une quelconque assemblée la question : « Qui croit parmi vous que Dieu n'existe pas », vingt pour cent environ de l'assistance lève la main. Si je demande ensuite : « Qui croit que Dieu existe *vraiment* ? », je vois à peu près autant de mains levées. J'en conclus que la plupart des gens croient que Dieu n'existe *pas vraiment*[7]. On ne peut pas dire qu'il y ait là de quoi étayer solidement une conviction religieuse. A mon avis, le malentendu séculaire (à savoir le paganisme, tout simplement), selon lequel Dieu serait, d'une façon ou d'une autre, un être, est passé par là. D'un être, on peut sans aucun problème soutenir qu'il existe.

Dans leur grande majorité, les gens ne croient plus en un être de cette sorte, et du même coup, ils voient devant eux se dérober le sol sur lequel reposait le droit de Dieu à l'existence. Mais ils n'ont aucune solution de rechange. Autant dire que les théologiens ont du pain sur la planche.

---

de l'assertion, son côté brillant, son rythme, voilà aussi ce que Klaas Hendrikse dénonce. L'effet rhétorique de surface semble l'emporter, en fait, sur le sens réel de ce qui est dit, même s'il y a effectivement production de sens. En français, le verbe « exister », inévitable ici, n'autorise, au présent de l'indicatif, les jeux de mots ou de sonorités qu'avec un nombre assez limité de verbes (insister/consister/subsister/assister...) dont peu sont susceptibles de figurer de façon vraisemblable dans un énoncé théologique. Nous avons donc tenté ici de rendre compte de la structure de surface de la phrase (rimes, rythme...) en préservant autant que possible sa signification. [N.d.T.]

7. Je n'exclus pas que le ton respectivement engageant et menaçant sur lequel ces questions ont été posées, tout comme la probabilité d'une sous-représentation de la fraction des croyants de stricte observance dans ce que j'appelle une « quelconque assemblée », ait pu avoir une influence sur la fiabilité des données dont je tire ma conclusion.

Le blasphème : faire comme si Dieu existait

Il ressort de certaines réactions à des publications antérieures dans lesquelles j'affirmais que Dieu n'existe pas, que cette position est considérée par beaucoup comme la profération d'un blasphème au sein même de l'Eglise. Les épithètes qui me sont lancées, telles que « Satan, Antéchrist, loup déguisé en brebis », sont, en tout cas, des indices qui vont dans ce sens.

Je ne suis, bien entendu, pas d'accord avec cette façon de voir. Qui plus est : si Dieu n'existe pas, le blasphème ne devrait pas faire tant de mal que ça. Mais je préfère réserver le mot « blasphème » pour qualifier l'attitude consistant à « faire comme si Dieu existait ».

« Si Dieu n'existe pas, pourquoi font-ils comme si Dieu existait ? » C'est la question que posait le petit garçon de l'Alblasserwaard. Quand, dans l'église, je regarde et je prête l'oreille autour de moi, cette même question me revient, sans jamais trouver de réponse.

Encore que, dans le *Trouw*[8], j'aie lu ce chapeau au-dessus du compte rendu d'une assemblée de pasteurs : « On ne peut croire qu'en faisant comme si Dieu existait »[9]. L'un des orateurs, Rein Nauta[10], affirmait : « Croire est un acte performatif, une sorte de jeu, comparable à une représentation théâtrale. » Voilà qui répond en tout cas à la question de savoir pourquoi les gens préfèrent aller au théâtre plutôt qu'à l'église. Faire comme si

---

8. Grand quotidien néerlandais, issu de la résistance protestante au nazisme. [N.d.T.]

9. *Trouw*, 27 janvier 2007, compte rendu d'une assemblée des pasteurs du mouvement *Op Goed Gerucht* (littéralement : « A la bonne rumeur ») de l'Eglise protestante néerlandaise. Ce mouvement défend le principe de la liberté en matière de théologie, refuse les dogmatismes et entend concilier tradition et regard critique sur l'Eglise et la société. [N.d.T.]

10. Rein Nauta, professeur de psychologie religieuse à l'université de Tilburg.

Dieu existait, c'est, en pure perte, envoyer paître les fidèles, ou les faire marcher.

En réponse à mon intention d'écrire un livre, il m'a assez souvent été donné à entendre que « savoir si Dieu existe ou non n'avait pas d'importance ». Venant de la bouche d'un théologien, voilà qui est – s'il se peut – encore plus impie qu'un blasphème. On n'apporte de la sorte aucune aide à ceux qui doutent, mais on les mène en bateau. Ou on les envoie au théâtre. Or pour eux, la question de l'existence ou de la non-existence de Dieu est vraiment importante, cruciale même. Et tout être humain est au moins en droit d'attendre que ses questions et ses doutes soient pris au sérieux.

Mon violon est, somme toute, parfaitement accordé avec celui de cet autre qui affirme : Dieu n'existe pas. Je peux aussi me mettre à jouer avec celui qui dit que Dieu existe, mais dès les premières notes, nous n'interprétons plus vraiment la même partition. Quant à celui qui prétend qu'il importe peu que Dieu existe ou non, mieux vaut pour lui ne pas sortir de l'étui son instrument de musique. Il ferait mieux de se reposer.

Il ne s'agit pas pour moi d'attaquer des collègues. Je me borne à constater que, comme les enquêtes le montrent avec une certaine régularité, les gens, s'ils ne se disent pas incroyants, ne vont plus à l'église. Ce qui signifie qu'on n'a pas tant affaire à un phénomène d'incroyance qu'à une désaffection vis-à-vis de ce que les Eglises disent de Dieu. Nos contemporains ne cherchent manifestement pas à rompre avec ce qu'ils croient, mais avec ce Dieu-là. En attendant, au sein de l'Eglise, la grâce (« de Dieu, notre Père... ») est distribuée, on prie (« Dieu Eternel, entends notre prière, donne-nous... »), on bénit (« Le Seigneur vous bénisse et vous garde... »), et cela d'une façon qui réduit au silence tout doute relatif à l'existence de Dieu. Voilà, en gros, le tableau de la situation : alors que le doute quant à l'existence de Dieu est partout, tant à l'intérieur qu'en dehors de l'Eglise, celle-ci s'entête à faire comme si Dieu existait.

Les sceptiques sont, en fait, pour la plupart athées, même s'ils ne se déclarent pas tels. Comme ils risquent de ne pas en convenir d'emblée, je vais commencer par exposer ce qu'entre autres choses, on entend par ce mot d'« athéisme », et comment, pour ma part, je le comprends.

De l'athéisme

Dieu merci, je suis athée[1].

Qu'est-ce que l'athéisme ? Le mot le dit déjà : l'*a-théisme* est un non-théisme ou un antithéisme. Un théiste est quelqu'un qui croit en Dieu de « façon théiste » : c'est-à-dire en le concevant comme un « être » assimilable à une personne et doté de facultés telles que la toute-puissance, l'omniscience et l'omniprésence. C'est pourquoi l'athéisme est lié au temps et à l'espace : à côté, ou en face de religions non théistes telles que le bouddhisme et le taoïsme, semblable phénomène ne se rencontre pas.

L'athée existe donc par la grâce du théiste et contredit ce qu'affirme celui-ci, à savoir que Dieu existe. Il nie ce qu'un autre croit, et il n'est donc à proprement parler qu'un « contradicteur ». L'athéisme est à la base une négation, une non-conviction. C'est pourquoi un athée ne peut d'ailleurs jamais avoir raison. Ce qui peut arriver, c'est, au mieux, que l'autre ait tort. Voilà qui fait un peu « travail de seconde main »[2], ou, en tout état de cause, ne paraît guère novateur.

---

1. Texte imprimé sur un tee-shirt. Il s'agit en fait d'une phrase que Luis Buñuel avait coutume de répéter. [N.d.T.]

2. Henri BERGSON, *Leçons clermontoises* I, *Logique, Méthode des sciences historiques, Leçon LX du 6 février 1886*, Paris, L'Harmattan, 2003, p. 121.

Aussi, pour la plupart, les athées ne se reconnaissent-ils pas dans cette définition : ils se considèrent comme des penseurs autonomes, qui ont pris position pour l'athéisme en fonction de convictions qui leur sont propres. Ceci ne vaut que pour ceux qui ont eu par eux-mêmes l'idée de soutenir que ce qui n'existe pas n'existe pas. Voilà qui est personnel, certes, mais n'a pas tellement à voir avec l'exercice de la pensée.

Herman Philipse, auteur du *Manifeste athée* [3] et que beaucoup considèrent comme l'incarnation moderne de l'athéisme, qualifie son athéisme de « philosophie autonome ». Il s'approprie ainsi le bien de ceux qui n'ont encore jamais entendu prononcer le mot « Dieu », et auxquels la question de savoir ce à quoi l'athéisme pourrait constituer une réponse n'est tout simplement pas passée par la tête. Je concède à Philipse sa philosophie autonome, mais s'il lui donne le nom d'« athéisme », je l'appelle pour ma part « athéisme bâtard » : un athée ne fait jamais que nier, et il n'y a là rien de fondateur.

Que l'athée n'est rien de plus qu'un négateur, transparaît aussi dans la langue : face à la multiplicité des noms et des désignations applicables aux croyants – catholiques, calvinistes, luthériens, panthéistes, chiites, sunnites, méthodistes, témoins de Jéhovah, protestants libéraux, évangéliques –, il n'y a que ce seul mot d'athée. Lequel désigne, dans tous les cas, une personne qui ne croit pas en l'existence de (ce à quoi les autres donnent le nom de) Dieu. Et, en tout état de cause, ne nous dit rien de ce que cette personne croit effectivement, et de la façon dont elle « conçoit » la vie. Un athée, comme nous le verrons, peut bel et bien être un croyant.

La confusion ne date pas d'aujourd'hui. Les anciens Grecs considéraient les juifs comme des athées parce que ces derniers ne croyaient qu'en un seul Dieu. Les premiers chrétiens furent

---

3. Herman PHILIPSE (professeur de philosophie à l'université de Leyde, puis d'Utrecht), *Atheïstisch manifest* [*Manifeste athée*, non traduit en français], Amsterdam, Prometheüs, 1995.

qualifiés d'athées par les Romains, parce qu'ils n'avaient ni temples, ni images de dieu, ni sacrifices. Au XVIe siècle, protestants et catholiques se traitaient mutuellement d'athées. Ce qui se profile avec le plus d'évidence à travers l'histoire prise dans sa globalité, c'est bien la tendance portant l'être humain à considérer comme superstition ou incroyance ce qu'il ne croit pas lui-même. La plupart des athées et des croyants seront d'accord.

La signification du mot « Dieu » varie selon les situations et les époques, et un athée s'en accommode sagement. Ce n'est pas en effet Dieu qu'il nie, mais une certaine conception ou image de Dieu. Il y a donc toujours eu des athées, et aussi longtemps qu'existeront les religions, il y en aura.

Il y a athée et athée

Dans nos pays et au sein de notre culture à prédominance (post)chrétienne, les *a-thées* sont, en fait, en majorité des « *a-chrétiens* » : ils rejettent les conceptions chrétiennes de Dieu. Ce rejet peut, en fonction des antécédents et de la nature du caractère du sujet concerné, revêtir des formes variées qui vont de la relative indifférence – « tout cela ne rime à rien » – à l'intense véhémence. Dans ce dernier cas, on n'a généralement moins affaire à un rejet réfléchi qu'à une réaction de « désintoxication » ou, pour parler de façon plus soutenue, d'une forme rancunière d'athéisme dans laquelle Dieu est renié et combattu par celui dont il a en partie empoisonné l'existence. Le plus souvent, ce Dieu est associé à tout ce qui, autrefois, relevait de la permission et (surtout) de l'interdiction, notamment le dimanche. Lisez Maarten 't Hart [4] pour les détails.

---

4. Maarten 't Hart (né en 1944) : biologiste, éthologue et écrivain néerlandais, il a, dans de nombreux romans, évoqué, de façon satirique, parfois violemment polémique, mais aussi, çà et là, quelque peu nostalgique, le milieu

Un rassemblement constitué en majeure partie d'érudits qui se considèrent eux-mêmes comme « intellectuellement ou philosophiquement athées », fait montre d'une impétuosité moins marquée, mais non moins corrosive. Ceux qui s'en réclament sont, par la réflexion et le raisonnement rationnel, parvenus à la conclusion mûrement pesée que la foi ne peut se concilier avec la raison. Dieu est à leurs yeux une adjonction irrationnelle à la réalité. Cette « élite athée » a érigé en art le dénigrement des croyants, qu'elle décrit comme intellectuellement déficients, ce à quoi, de toute évidence, elle trouve du plaisir. Un certain nombre de ses membres s'exprime dans le livre *Vivre sans Dieu* [5]. Parmi eux, Hans Crombag : « Je remarque cette croyance et cette superstition même chez des gens très intelligents. [...] Ils se servent de leur cerveau en semaine. Le dimanche, quand ils vont à l'église, ils le laissent chez eux. » [6] Et Matthijs Van Boxsel [7] : « Pierre et Jean sont effectivement traités d'idiots dans les Actes des apôtres. Mais les chrétiens ordinaires sont, à vrai dire, eux aussi des idiots. » [8]

Je me dispense de tout commentaire. Si j'ai du mal à supporter les gens qui se voient comme des intellectuels, cela doit tenir à mes origines campagnardes ; pour ce qui est des choses essentielles, j'ai beaucoup plus appris au contact des paysans qu'à celui des professeurs. Ce qui caractérise « l'élite athée »,

---

protestant rigoriste dans lequel il a passé son enfance et son adolescence, et avec lequel il a rompu, alors qu'il était étudiant. Sont parus, en français : *L'échelle de Jacob* (Actes Sud), *La colère du monde entier*, et *Le Retardataire* (Belfond). [N.d.T.]

5. Harm VISSER, *Leven zonder God : Elf interviews over ongeloof* [*Vivre sans Dieu : Onze interviews sur l'incroyance*, non traduit en français], Amsterdam, L.J. Veen, 2003.

6. Hans CROMBAG, in : Harm VISSER, *op. cit.*, p. 34.

7. Matthijs VAN BOXSEL est écrivain. Il est, entre autres, l'auteur de *De encyclopedie van de domheid* [*L'encyclopédie de la bêtise*], Amsterdam, Querido, 2001.

8. Matthijs VAN BOXSEL, in : Harm VISSER, *op. cit.*, p. 162.

c'est son agressivité, sa suffisance, son esprit rationnel, son manque flagrant de (bon) humour.

Je n'ai rencontré l'expression « athéisme religieux » que dans les livres. Je n'ai encore rencontré personne se déclarant athée religieux ou croyant. Enchanté ! Je veux bien être le premier : je ne crois pas en l'existence de Dieu, mais je crois en Dieu.

Agnostiques et quelquechosistes [9]

En plus des croyants et des athées, il existe aussi ce qu'on appelle des « agnostiques » et des « quelquechosistes ».

Un agnostique (littéralement : quelqu'un qui ignore) refuse de se prononcer sur l'existence de Dieu et laisse cette question ouverte. Il garde le juste milieu, en se tenant à égale distance du croyant et de l'athée. Ou, pour parler plus simplement : il ne sait pas, ou pas encore. Les athées lui manifestent peu de considération, ne voient que minauderie dans son attitude tolérante et raisonnable, et lui reprochent d'être lâche du fait qu'il sursoit encore à se prononcer – et ce vraisemblablement pour un temps indéterminé. L'agnostique ressemble un peu à quelqu'un qui, après avoir passé sa journée en maillot de bain au bord de la piscine à regarder les autres nager sans pouvoir se décider à se jeter à l'eau, rentre chez lui sec, pour revenir le lendemain.

Un quelquechosiste [10] ne va pas, comme l'athée, jusqu'à affirmer que Dieu n'existe pas. A moins que, justement, il ne s'avance davantage, là où l'athée s'arrête. Sa position sur le « croire » est plus ouverte que celle de l'athée. Alors que ce dernier ne croit pas, le quelquechosiste, pour sa part, croit. Il croit « qu'il y a » quelque chose ou que quelque chose existe, mais ne nomme pas ce quelque chose Dieu. Pour rester dans le

9. Voir note 3, p. 26. [N.d.T.]
10. Voir note 3, p. 26. [N.d.T.]

langage imagé, le quelquechosiste se contente de barboter; il ne refuserait pas de nager, mais alors, sans être mouillé. J'ajoute à cela qu'on omet généralement, parmi les qualifications négatives qui sont souvent leur lot, que nombre d'entre eux sont des déserteurs d'Eglises : ils ont déjà été mouillés une fois.

Ce que les athées disent de Dieu

« La fourmi existe-t-elle vraiment... ?
ou l'ai-je inventée... ? [11]

(Oui, dit l'athée, tu l'as inventée.)

Un athée ne croit donc pas à l'existence de Dieu. Il ne viendrait spontanément à l'idée d'aucune personne sensée d'affirmer que quelque chose qui n'existe pas n'existe pas. Il doit d'abord y avoir eu quelqu'un d'autre qui a soutenu que Dieu existait effectivement. L'athée « l'a entendu dire »; il ne croit pas ce que les autres disent de Dieu.

Qui sont ces autres? Pour être clair et ne pas aller chercher trop loin, je nomme ces autres « chrétiens » en admettant que c'est dans le discours tenu sur Dieu par l'Eglise qu'ils puisent leurs affirmations. Donc un athée ne croit pas en ce que l'Eglise a fait de Dieu. Qu'a fait de Dieu l'Eglise – d'après l'image qu'en a l'athée?

---

11. Toon TELLEGEN, *Bijna iedereen kon omvallen* [*Presque tous pouvaient tomber*], Amsterdam, Querido, 1993.

Toon Tellegen (né en 1941) est un poète et écrivain néerlandais, auteur, entre autres, de nombreux livres pour enfants dans lesquels les animaux sont fréquemment représentés sous des traits anthropomorphiques. On voit dans une autre citation, par exemple, que la fourmi est dotée de doigts de pied. [N.d.T.]

Comment l'athée voit Dieu

J'ébauche ici une « image athée de Dieu » à partir de ce que j'ai entendu et lu, venant d'athées. Quelques lignes y suffiront : Dieu est représenté comme un être supérieur, tout-puissant qui, un jour, a décidé la formation du ciel et de la terre, a pris la parole (en hébreu) en s'adressant à lui-même et a, ce faisant, réussi, en six jours, de ses propres mains et à partir de rien, à venir à bout de ce gros chantier qu'était la création, après quoi il a décrété que cela était « très bien ». Tout bien considéré, les choses se sont avérées, ici-bas du moins, quelque peu décevantes, à tel point qu'il s'est trouvé obligé d'envoyer son Fils sur terre, ce qui a failli tourner au fiasco du fait que Jésus a été assassiné, mais c'est précisément ce qui s'est révélé être le salut, puisque, par là même une Eglise est née, qui, jusqu'au jour d'aujourd'hui confesse que Jésus-Christ est « notre Seigneur et Sauveur » et soutient qu'il existe un Dieu personnel, parfait, providentiel, omniprésent, éternel, immuable encore que courroucé parfois, mais dont les jugements sont fondamentalement équitables, et qui est avant tout miséricordieux.

(Non-)confession de foi athée

J'extrais de cette image trois caractéristiques. Pas de façon aléatoire, mais eu égard au fait que la critique que font les athées de l'image supposée chrétienne de Dieu porte d'abord sur ce dont j'ai fait mention dans les toutes premières lignes. Et je formule une « (non-)confession de foi athée » : « Dieu, l'être supérieur tout-puissant qui a créé le ciel et la terre, n'existe pas. » Je réagis à cette assertion en manifestant successivement approbation, indignation, critique et étonnement.

Approbation : je suis d'accord avec les athées, ce Dieu n'existe pas.

Je l'ai donc inventée... se dit-il. Alors j'ai également inventé ses antennes et ses doigts de pied, et que le miel est, pour elle, ce qu'il y a de plus délicieux au monde. Et l'idée qu'elle me manque, ça aussi je l'ai donc inventé. En pensée, il voyait se mouvoir son invention... [12]

Indignation : l'athée a – consciemment ou non [13] – une vision caricaturale de l'image chrétienne de Dieu. Il n'est assurément pas besoin de faire profession d'athéisme pour souscrire à la « confession de foi athée ». Beaucoup de chrétiens souhaiteront bientôt y apposer leur signature, car pour eux aussi, ce Dieu-là est mort depuis longtemps. D'où mon objection, en tant que pasteur : dans cette confession, je reconnais mes paroissiens. Mais eux-mêmes sont, de façon désinvolte, traités d'arriérés par les athées.

Et c'est là qu'intervient à son tour la critique : l'athée n'est pas ce qu'on appelle quelqu'un qui vit avec son temps. Il reste dans la sphère des « preuves de Dieu » moyenâgeuses, et l'image qu'il se fait de ce Dieu est à l'avenant : c'est celle que renvoient les confessions de foi et les dogmes. La majorité des croyants y reconnaîtront, tout au plus, le Dieu Père Noël de leur enfance, celui qui était installé au grenier avec les *Dinky Toys* et la boîte de *Meccano*. Mais l'athée s'obstine à voir dans le croyant quelqu'un qui tient pour vrai que Dieu a créé le ciel et la terre en six jours et qu'il veille, depuis lors, en Père attentif, sur ses créatures et sa création. Je ne nie pas qu'il y ait encore des gens pour croire de telles choses, mais ils constituent désormais une minorité si réduite qu'il est pour le moins surprenant que ce soit eux qui déterminent encore la représentation qu'a l'athée de ce qu'un chrétien croit ou ne croit pas. Et que tant d'énergie continue à être consacrée à battre en brèche cette conception.

L'athée a manifestement un faible pour le Moyen Age. Voilà qui suscite une image plaisante de ce qu'il est au XXIe siècle : un

12. Toon TELLEGEN, *op. cit.*

13. Rudy KOUSBROEK (1929-2010), écrivain, in : Harm VISSER, *op. cit.*, p. 58 : « Le meilleur remède contre la religion est en général la caricature. »

chevalier monté à rebours sur son cheval, enfermé dans son armure, lance pointée vers le passé.

Mon étonnement se rapporte avant tout à l'argumentation : la religion ne serait qu'élucubrations, illusions, aberration mentale collective. Une belle invention offrant aux humains soutien, dérivatif, et consolation ! Une échappatoire ! Inutile de compter sur de véritables arguments ; la critique athée se borne à jeter l'anathème sur ses hétérodoxes.

Le livre récent du biologiste évolutionniste anglais Richard Dawkins, *Pour en finir avec Dieu* [14], illustre cet état de fait de façon saisissante. C'est avant tout par la façon dont son argumentation est présentée (« à coups de massue ») et l'aplomb de ses affirmations, que l'auteur entend en montrer la force. Même lorsqu'il s'agit pour lui de rejeter d'autres conceptions, Dawkins ne demeure pas en reste : qui n'appartient pas au cercle de ses congénères se fait étriper. La conclusion à laquelle il aboutit, selon laquelle « il est quasiment certain que Dieu n'existe pas » [15], n'a pas plus de consistance que son hypothèse de départ.

Un des arguments de prédilection des athées consiste à dire : « Je ne crois pas (ou plus) en un Dieu qui permet une chose pareille. » Et les hommes qui laissent faire de telles choses, vous les supportez ? Et si toute cette misère n'existait pas, en concluriez-vous que Dieu existe ?

Il n'est donc pas étonnant qu'une petite partie seulement de la population des Pays-Bas se déclare athée [16]. La majorité, qui n'est pourtant pas tombée sur la tête, ne se laisse manifestement

---

14. Richard DAWKINS, *Pour en finir avec Dieu* [*The God Delusion*, London, Bantam Books, 2006], Paris, R. Laffont, 2008.

15. Richard DAWKINS, « Pourquoi il est quasiment certain que Dieu n'existe pas », *op. cit.*, chapitre 4, pp. 120 à 170.

16. La persistance de cette sous-évaluation est sensible : treize pour cent d'athées en 2004 selon l'enquête de Hijme Stoffels (pour la Société Biblique Néerlandaise, l'Université Libre, le programme radiophonique et télévisuel NCRV, et le journal *Trouw*), dix-sept pour cent en 2006 (*Sociaal Cultureel Planbureau*/Service d'enquêtes sociales et culturelles), quatorze pour cent en 2007 (enquête *God in Nederland*/« Dieu aux Pays-Bas »).

pas convaincre sans arguments valables. Et la grande masse des déserteurs d'Eglise qui ne croient plus en l'existence de Dieu, et qui, de ce fait, devraient se retrouver dans la catégorie « athée », n'accepte cependant pas cette étiquette. L'athéisme ne se vend pas comme du pain frais, et ce, à juste titre : il y a quelque chose qui cloche. Le nombre croissant de quelquechosistes et d'agnostiques (qui donc ne croient *pas réellement* en l'existence de Dieu [17]) est déjà signe que ne pas croire en l'existence de Dieu n'induit pas le refus de Dieu. Autrement dit – et c'est ce à quoi je veux en venir – il n'est pas d'argument athée qui empêche de croire en (un) Dieu (qui n'existe pas).

Ce que les athées disent de la foi

Abandonnez la niaiserie et vous vivrez!
Puis, marchez dans la voie de l'intelligence [18].

J'ai qualifié plus haut la « non-confession de foi athée » de caricature de l'image chrétienne de Dieu. Il ne faut pas s'attendre à rencontrer une image nuancée du croyant chez quelqu'un qui se fait de Dieu une représentation caricaturale. Cette appréciation est d'ailleurs confirmée : l'athée considère le croyant et ce qu'il croit comme passablement stupides. Les épithètes employées par l'élite contemporaine vont de « imbécillité pure et simple » [19] à « tout juste bon pour les arriérés » [20].

---

17. Ils ne lèvent pas plus la main quand est posée la question : « Qui croit que Dieu n'existe pas ? » que lorsque la question « Qui croit que Dieu existe » est posée.

18. Proverbes 9,6. (Traduction Œcuménique de la Bible [TOB], Paris/Villiers-le-Bel, Cerf/SBF, 10e édition 2004.)

19. Matthijs VAN BOXSEL, in : Harm VISSER, *op. cit.*, p. 159.

20. Rudy KOUSBROEK, in : Harm VISSER, *op. cit.*, p. 61.

Ce ne sont pas là – et je mesure mes paroles – des termes de mise pour servir de conclusion à des considérations rationnelles. Ils comportent une charge émotionnelle laissant présumer que les antécédents et la psychologie de celui qui les emploie jouent, en l'espèce, un rôle non négligeable. Voyez comment l'élite athée en est venue à l'athéisme, et jugez vous-même.

Ronald Plasterk[21] a été déçu de la réponse que le professeur de religion de l'école primaire avait donnée à sa question : « Si je crois en ce moment que je vais avoir des patins à roulettes neufs, vais-je vraiment les avoir ? »[22]

Herman Philipse (usait déjà, dans son très jeune âge, d'arguments sceptiques contre la religion ; allait au catéchisme avec sa petite sœur) : « [...] Ajoutez à cela que le pasteur (...) fumait de très gros cigares poudrés. (...) Ce cigare plus l'ennui que j'éprouvais furent suffisants pour me faire perdre tout intérêt à la religion. »[23]

Vincent Icke[24] : prier pour son père malade « n'avançait à rien » : [...] « J'en suis arrivé petit à petit à la conclusion que je me faisais rouler. Ou plus exactement : Dieu était soit un bidouilleur, soit un sadique. »[25]

Les athées, en majeure partie, soutiennent que s'ils ne sont pas croyants, c'est parce qu'ils ont acquis la conviction que Dieu n'existait pas. Ils s'accordent presque tous à dire qu'« à un moment donné, ils ont été amenés à faire cette découverte ». Comment ? En cessant de croire à ce en quoi les autres croyaient. Ceci ne les distingue pas de la plupart des croyants : eux aussi ne croient plus au Dieu de leur enfance.

La différence marquante entre les deux catégories réside dans le fait que l'image que la majorité des croyants ont de Dieu a

21. Ronald PLASTERK, professeur d'Université en biologie, ministre de l'Education, de la Science et de la Culture de 2007 à 2010.

22. Ronald PLASTERK, in : Harm VISSER, *op. cit.*, p. 118.

23. Herman PHILIPSE, in : Harm VISSER, *op. cit.*, p. 90.

24. Vincent ICKE, professeur d'Université en astronomie.

25. Vincent ICKE, in : Harm VISSER, *op. cit.*, p. 184.

changé peu à peu, alors que chez les athées, cette image est restée telle qu'elle était au moment où ils s'en sont séparés. Ce qui ne les empêche pas de taxer « d'irrationalité » ceux qui ont tiré des conclusions moins radicales que les leurs et se sont mis à chercher d'autres voies.

L'appréciation et le comportement de l'athée restent attachés à l'image qu'il a lui-même rejetée. Il commence par reléguer le croyant à l'arrière-plan (en général du côté de l'orthodoxie) avant de le traiter d'imbécile. Quant à savoir s'il convient d'appeler « athéisme » ce fondamentalisme à l'envers, je laisse pour l'instant la question en suspens.

Moi aussi, j'ai de l'intelligence comme vous, je ne vous le cède en rien... [26]

L'athée, selon moi, multiplie les embardées.

En premier lieu, il réduit l'homme à son intelligence, alors que nous sommes lestés, pour la plupart d'entre nous, d'autres choses que de notre seul cerveau : d'émotions, de désirs, de soucis, d'espoir... Mais aux yeux d'un athée, croire c'est tenir pour vrai quelque chose d'impossible en mettant sa raison en sommeil. Cette appréciation n'est pas atténuée par le fait que des gens érudits, des scientifiques, des hommes et des femmes d'intelligence supérieure vont aussi à l'église le dimanche. Au contraire, ces derniers ne rencontrent que sarcasmes. « Durant la semaine, ils font de la physique, et le dimanche, ils vont à l'église. » [27]

En second lieu, l'athée sous-estime le croyant : est-il vraiment certain que le croyant du XXIe siècle gobe tout ce qu'on lui dit ?

Un exemple. On ne peut croire dans le Dieu qu'on trouve dans le livre de Job : un homme innocent sert d'enjeu à un pari

26. Job 12,3 (Bible Crampon, 1923).
27. Herman PHILIPSE, *Atheïstisch manifest* [*Manifeste athée*], Amsterdam, Prometheüs/Bert Bakker, 6e édition augmentée, 2004, p. 50.

entre Dieu et le diable, et est précipité dans la misère. Dieu représente ici tout ce qui n'est pas Dieu, il mériterait d'être traité de rustre, et encore, il s'en tirerait à bon compte. Un athée croit-il véritablement qu'un « croyant normal » a encore foi en un tel Dieu ? Cela n'est pourtant pas crédible !

Mais pour l'athée, c'est manifestement tout ou rien. La religion est à ses yeux comme un forfait global qu'il faut accepter dans sa totalité : un croyant se doit de prendre la Bible à la lettre et d'approuver intégralement l'enseignement de l'Eglise.

Si le croyant objecte, non sans précautions, que vraiment, il ne prend pas tout pour argent comptant, et qu'il détermine lui-même ce qui lui paraît digne de foi ou non, l'athée réagit avec rage : il crie au libéralisme religieux, à l'arbitraire inadmissible : Voyons ! Croire ce qui vous arrange, et rejeter ce qui vous gêne ![28] Pour lui, la seule possibilité est le ou/ou. Ou l'on souscrit au forfait complet, et cela n'implique rien de moins que de tout accepter en s'en remettant à l'Eglise – y compris ce à quoi notre entendement dit non –, ou l'on réfléchit et l'on rejette intégralement la croyance en Dieu.

Pour finir : l'athée trouve « stupide » celui qui croit. Je vois là la traduction de ce à quoi un pasteur est confronté à travers la « foi enfantine » : « Je crois comme un enfant, Monsieur le pasteur. » A l'aune des critères de l'athéisme, on ne peut probablement pas faire plus stupide. Je préfère, quant à moi, jauger en fonction de l'intégrité. Autrement dit : j'attache plus d'importance à la signification qu'a la foi dans la vie de quelqu'un qu'à la question de savoir si le contenu de cette foi, évalué selon mes critères intellectuels, obtient la moyenne. Je rencontre tous les jours des gens qui croient d'une autre façon que moi, et qui, pour sûr, savent aussi bien que moi que, sur le plan du contenu,

---

28. Paul CLITEUR, professeur en sciences juridiques, sait même, de source sûre – bien que non athée – que cela n'est pas permis : il est l'auteur d'un livre intitulé *God houdt niet van vrijzinnigheid* [*Dieu n'aime pas le libéralisme*], Amsterdam, Bert Bakker, 2004.

les choses ne sont parfois pas glorieuses, mais je n'ai jamais éprouvé le besoin de mesurer la foi avec une règle graduée. Bien au contraire : si ce qu'ils croient « agit » dans la vie des gens, s'ils peuvent vivre et mourir avec, qui suis-je pour…?

On pourrait trouver encore passablement à redire sur l'argumentation, le comportement et les motifs de l'athée. Dans sa conviction que Dieu n'existe pas, il a raison [29]. Et dans le paragraphe qui va suivre, il obtiendra d'ailleurs gain de cause. Bible en main, je le redis : Dieu n'a jamais existé, et l'existence de Dieu est un malentendu historique.

29. Si, ici ou ailleurs, je donne raison à l'athée, cela ne signifie rien d'autre que ce que j'écrivais ci-dessus : le fait qu'il ait parfaitement raison consiste en ce que les autres ont tort.

La Bible : le « *au commencement* » n'est pas le *commencement*

Au commencement, Dieu créa le ciel et la terre[1].

La Bible s'ouvre par : « Au commencement… » Ce sont les mots de la Genèse, premier livre biblique. Vient ensuite le livre de l'Exode, celui du Lévitique, etc. Mais il y a là un trompe-l'œil : si les livres de la Bible étaient placés dans l'ordre chronologique, le récit de la Genèse se trouverait ailleurs, plus loin. Le texte se trahit lui-même : il contient des mots empruntés au babylonien, et ceux-ci n'ont pu parvenir à la connaissance des auteurs qu'au VIe siècle antérieur à notre ère, durant la période de ce qu'on appelle l'exil babylonien.

Tout a commencé beaucoup plus tôt. D'un point de vue historique, la Bible devrait s'ouvrir sur l'exode des Hébreux hors d'Egypte et la traversée du désert qui s'ensuit. Celle-ci s'est déroulée au XIIIe siècle avant notre ère, après que Dieu se fut « représenté » à Moïse depuis un buisson ardent sous le nom de « Va, et j'irai avec toi »[2]. Dans ce récit se trouvent les intuitions primitives sur lesquelles tout le discours ultérieur de Dieu s'appuie, ou devrait s'appuyer.

Je me propose d'expliquer ci-dessous que Dieu n'existait pas *dans le commencement*, mais ne s'est mis à exister qu'avec les mots « *au commencement* ».

---

1. Genèse 1,1. (Traduction Œcuménique de la Bible [TOB], Paris/Villiers-le-Bel, Cerf/SBF, 10e édition 2004.)

2. Exode 3,12 (libre traduction de l'auteur, retraduite en français).

Le commencement – XIIIe siècle avant Jésus-Christ

Moïse dit : « Mais qui suis-je pour aller vers le pharaon et conduire les Israélites hors d'Egypte. » Dieu répondit : « Allez, et j'irai avec vous. » [3]

Dans le livre de l'Exode, il n'est pas question d'un Dieu existant. Dans le commencement, tous le savaient : Dieu n'existe pas. Il n'y avait pas encore d'athées ; il n'y avait rien à contester. Si l'on peut parler d'athéisme, c'est chez les auteurs mêmes de la Bible. L'Ancien Testament doit se lire tout entier comme un combat permanent contre l'idolâtrie, autrement dit comme l'affirmation obstinée de ce que Dieu n'est pas : il *n'est pas* comme tous ces autres dieux.

Quand le mot « Dieu » est lâché, c'est dans le contexte de la délivrance. Les Dix commandements s'ouvrent sur ces mots : « Moi, je suis le Seigneur, ton Dieu, qui t'ai fait sortir du pays d'Egypte, de la maison de servitude. » [4] Telle est la forme sous laquelle, plus tard, a été consigné l'événement.

Mais la croyance en YHWH, le Dieu d'Israël [5], a des antécédents religieux. Les Hébreux (futurs Israélites) étaient opprimés et exploités par des Egyptiens ayant une religion. Situation intolérable. La seule solution à l'oppression, c'est de s'en délivrer : nécessité vitale. Moïse est envoyé vers le Pharaon, c'est lui et non pas Dieu qui doit délivrer son peuple. En tant qu'athée, je ne saurais trop insister sur ce point : Dieu n'est pas un « libérateur » ; le récit se borne à dire que le nom de Dieu est lié à une « délivrance » qui ne prendra corps que par l'action des hommes. Il en était ainsi alors, cela n'a pas changé et il en va encore de

3. Exode 3,11-12 (libre traduction de l'auteur, retraduite en français).

4. Deutéronome 5,6. (Traduction Œcuménique de la Bible [TOB], Paris/Villiers-le-Bel, Cerf/SBF, 10e édition 2004.)

5. J'emploierai désormais tantôt l'une, tantôt l'autre de ces deux désignations.

même aujourd'hui : la délivrance est affaire d'êtres humains. Ce qu'à l'origine on entend par « Dieu » se rapporte à ce qui survient dans la vie des hommes.

« *Ehyeh asher ehyeh* : Allez, et j'irai avec vous »

Dieu ne fait pour ainsi dire rien d'autre que « confirmer son nom » : « Allez, et j'irai avec vous. » Il faut mettre ce nom entre guillemets, car ce qui n'existe pas ne peut avoir de nom. Cette idée se trouvait déjà dans le récit de la « première rencontre » : « Si je vais vers les Israélites », dit Moïse, « et qu'ils me demandent : "Quel est son nom ?", que dois-je répondre ? » « Dieu dit alors : "*Ehyeh asher ehyeh*", voilà ce que tu dois dire aux Israélites. "*Ehyeh asher ehyeh*" m'envoie vers vous. »[6]

Cela semble apparemment aller de soi : Moïse pose la question : « Quel est ton nom ? » et Dieu répond : « *Ehyeh asher ehyeh* ». Mais les choses ne sont pas aussi simples, car cette question n'a jamais été posée de la sorte, et jamais cette réponse n'a été donnée ainsi; le dialogue n'a jamais eu lieu. L'expérience de ce nom étrange était déjà acquise depuis sept cents ans lorsqu'a été élaboré le récit. « *Ehyeh asher ehyeh* » : au bout de tous ces siècles, les auteurs ne savaient plus que faire de ce nom.

On en a déduit qu'il était intraduisible. Les différentes traductions tant néerlandaises que françaises[7] vont de « Je suis celui qui suis »[8] à « Je serai : je suis »[9]. Mais nul besoin d'être Dieu

6. Exode 3,13-14 (libre traduction de l'auteur, retraduite en français).

7. Nous adaptons ici le texte original en fonction de la situation particulière que représente sa traduction dans une autre langue, en l'occurrence le français. [N.d.T.]

8. La Bible d'Ostervald pour ce qui est de la traduction française, par exemple.

9. Exode 3,14 (*La Bible, nouvelle traduction*, Paris, Bayard, 2001, traduction de François BON et Walter VOGELS pour le livre de l'Exode).

pour se définir ainsi; mon voisin peut en dire autant. J'opte, quant à moi, pour « Allez, et j'irai avec vous »[10]. Par là, j'entends affirmer explicitement que Dieu ne peut être que là où il y a des êtres humains qui se mettent en mouvement.

Mais nous ne sommes pas encore tirés d'affaire avec cette dénomination, car voici que survient une complication supplémentaire : l'hébreu n'a pas de présent. Un énoncé du type « Je me promène » y est impossible; on peut y dire, en revanche « je, me promenant », expression à peu près équivalente à l'anglais *I am walking* – ma promenade n'est pas terminée, je suis encore en train de la faire. C'est pourquoi le « je suis celui qui suis » est, lui aussi, inadéquat, puisqu'il fait disparaître cette idée de mouvement. Ne fût-ce que pour cette raison, Dieu ne saurait, à proprement parler, avoir de nom : il n'est pas encore accompli. Et le non-achevé ne peut, bien sûr, pas exister, car il n'est qu'en gestation. Il faut donc encore qu'un éventuel accomplissement se manifeste : « Allez, et... » Et si vous n'y allez pas, alors rien...[11]

Le « Allez, et j'irai avec vous » ne constitue pas une conclusion logique qui aurait été déduite de ce nom, mais une expérience désignée par ce nom lui-même. Pourquoi et comment les Hébreux d'alors sont-ils sortis d'Egypte? Après avoir eu communication d'une révélation divine? Guidés par Dieu? Sûrement pas! Non! Ils ont, à un moment donné, tout bonnement pris le large, fui l'esclavage dans le désert en s'en remettant à la vie. Ce qui, par la suite, a été interprété comme un exode au

10. Pour les fins connaisseurs : le verbe *halakh* ne figure pas dans le texte hébreu original. En choisissant d'employer le « aller », j'entends signifier qu'on n'est pas ici en présence d'un être divin qui révélerait sa mystérieuse identité, mais du rappel de l'expérience humaine faite et confirmée depuis des siècles, selon laquelle il ne peut être question de Dieu qu'à partir du moment où des hommes sont en chemin.

11. Le faux-fuyant signalé plus haut, selon lequel Dieu n'existe pas mais « est », trouve ici ses propres limites : ce qui est en train de se produire, n'est pas (encore).

cours duquel le peuple aurait été guidé par une force qu'il s'est mis à appeler « Dieu »; lequel exode n'aurait pu être mené à bien sans ce Dieu, etc. Ce nom de Dieu a donc servi à désigner une expérience. En langage théologique : un simple événement historique a été proclamé « histoire du Salut ».

Un théologien ne saurait lui-même nous en apprendre beaucoup plus à ce sujet. Le nom s'est pour ainsi dire prémuni contre toute théologie à venir. Dieu est « immunisé » contre la théologie : « Allez, décampez de votre chaise ou de derrière votre bureau. Et… »

Dieu ne fait rien d'autre que de confirmer son nom. Ni plus, ni moins; il n'y a dans le livre de l'Exode aucune allusion à un avant ou à un après. Il n'y est pas plus question d'un Dieu créateur que d'un Dieu qui continuerait à être là pour nous, après notre mort. J'avance d'ores et déjà cette remarque [12], car ce n'est pas de sitôt qu'on entendra dire dans une église que l'on peut croire en Dieu sans présupposer qu'il est pour quelque chose dans l'apparition du monde et des hommes, qu'il est encore présent une fois que nous sommes morts; que même, tout a commencé ainsi, et que c'est là que se trouve – ou devrait se trouver – la source de la tradition dite « judéo-chrétienne ». Toutes les théories relatives à l'au-delà ou à la création sont venues par la suite. Ce qu'on entendait initialement par « Dieu » n'était pas lié à la question de l'origine et de la finalité d'une vie d'homme, mais à cette vie elle-même, depuis la naissance jusqu'à la mort.

« *Au commencement* » – VIe siècle avant Jésus-Christ

C'est sept cents ans plus tard environ, durant la période de l'exil babylonien, que Dieu a commencé à « exister ».

---

12. J'aborde ce sujet en détail dans le troisième chapitre, sous le titre « Dieu et la mort », pp. 194-202.

Babylone était à l'époque une métropole qui comptait bien un millier de temples. Les Israélites qui, dans l'intervalle, s'étaient pourtant quelque peu habitués à entendre parler de dieux étrangers ou ennemis, n'auront pas dû en croire leurs yeux ni leurs oreilles. A chaque coin de rue, la tentation divine était à l'affût.

La Bible de l'époque était alors en grande partie esquissée. Rien n'y était dit sur la création, mais au contact des récits babyloniens qui s'y rapportaient, et traitaient aussi des origines, les choses changèrent. Et de façon radicale.

Si/alors : s'il y a un Dieu… alors c'est le nôtre !

Un beau jour – je m'imagine que cela s'est passé ainsi – quelques Israélites, dans un état de grande agitation, frappèrent à la porte de la maison dans laquelle les rédacteurs de la Bible tenaient leur assemblée : « Vous êtes au courant ? » « De quoi ? » « Les païens du coin affirment que nous ne sommes pas arrivés là comme ça, mais qu'il y a un Dieu qui a tout fait ! » Une brève réunion s'ensuivit : si c'est vrai, s'il y a eu un Dieu au commencement, alors, c'était le nôtre, qu'on inscrive ça au procès-verbal, qu'on le mette par écrit. Et c'est ainsi que Genèse 1 prit forme : « Au commencement, Dieu… » Non comme une description de la façon dont les choses avaient commencé, mais comme une réaction, ou plutôt comme un acte de reconnaissance de la suprématie de YHWH sur tous les autres dieux. Le nôtre est, sans aucun doute, plus grand et plus fort que le vôtre, par conséquent il a réussi à… et donc il a… Ainsi le Dieu d'Israël s'est-il, pour ainsi dire, infiltré ou introduit dans un espace où il n'avait pas sa place à l'origine.

« Qu'on le mette par écrit. » Soit, mais encore fallait-il transformer en récit ce *si/alors* extrêmement laconique. A cet effet – les analogies sont indéniables –, on puisa abondamment aux sources disponibles. Et elles ne manquaient pas : dans les cultures environnantes, les questions portant sur l'origine de l'homme et de l'univers trouvaient nécessairement leurs réponses dans les récits mythologiques. Dans le matériau d'emprunt, les dieux pullulaient, et les auteurs ne purent éviter de faire « exister » Dieu dans leur récit.

C'est dire que la Genèse, par sa composition, se présente comme l'un des avatars de ce genre attesté qu'est le « récit de création », écrit dans le langage de l'époque, à savoir celui du mythe. Confession de foi du *si/alors* et conviction que le « nôtre est plus grand et plus fort que le vôtre » ont été conditionnées ensemble, sous forme de récit mythologique. Il ne manquait plus qu'à nouer un ruban autour. (Ce qui ne se fit que plus tard ; il n'y avait alors encore pas d'Eglise.)

Ce n'est pas rendre justice à ses auteurs que de voir dans la Genèse une explication des origines. Ils savaient aussi bien que nous que personne ne sait comment les choses ont commencé. Le *si/alors* initial ne prétend nullement affirmer que le Dieu d'Israël ait effectivement été le créateur du ciel et de la terre. Y lire cela, c'est y trouver ce qu'on y a soi-même mis. Il va de soi qu'un autre récit eût été produit, si les auteurs avaient entendu parler de Darwin et du big bang. Mais que des adversaires de la théorie de l'évolution ou de celle du *dessein intelligent* empruntent des arguments à la Genèse, est aussi pertinent ou aussi absurde que s'ils allaient demander conseil au Petit Poucet.

Après le commencement

Des coups de pouce à la réalité [13], et même de très gros, il n'en a pas manqués dans les interprétations ultérieures. La plus grosse trouvaille appartient à l'Eglise néerlandaise, qui, au XVIe siècle, fait le point de cette façon : « Nous croyons que le Père, a, par sa Parole, c'est-à-dire par son Fils, créé le ciel, la terre et toutes

13. Le texte joue ici sur la polysémie du mot néerlandais *duim* (pouce) qui signifie aussi invention, chose imaginée. [N.d.T.]

les créatures à partir de rien, lorsqu'il a trouvé bon de le faire, et qu'il a donné à chaque créature l'être, la forme et le corps qui lui sont propres, et à chacun sa fonction particulière, afin qu'il serve Son Créateur. »[14]

Le *si/alors* initial n'était en fait pas davantage qu'une argumentation par l'absurde, une hypothèse. On ne pouvait guère se montrer plus prudent dans l'expression. A croire qu'on pressentait à Babylone que quand il est question de « vérité », il se produit toujours des embrouilles. Vision ô combien prophétique, car c'est précisément ce qui se produisit plus tard. La profession de foi devint vérité de foi : Dieu a réellement créé le ciel et la terre. Le mythe, proclamé vérité, fut coulé dans le béton du dogme. De quoi faire s'arracher les cheveux aux auteurs de la Genèse !

Bien que le mythe ne soit jamais ce qu'il était, il est[15].

Le langage du mythe est sans défense. Le chapitre 1 de la Genèse a beau claironner que « Dieu créa l'homme à son image »[16], c'est l'inverse qui se vérifie : en tout temps, les hommes se sont créé des dieux à leur propre image. Les auteurs du texte biblique le savaient bien eux-mêmes : leur récit demande à être lu à la façon d'un mythe : non comme une relation de ce qui se serait produit, jadis, quelque part, mais comme narration de ce qui arrive, maintenant et toujours, aux hommes. Parler de

14. Extrait de l'article 12 de la *Confession de foi néerlandaise (Nederlandse Geloofsbelijdenis)*, rédigée en 1571. Contrairement à l'article 1, cité plus loin et qui est très proche dans sa rédaction de l'article 1 de la *Confession de La Rochelle*, cet article 12 de la *Confession néerlandaise* n'a pas vraiment d'équivalent dans le texte français. [N.d.T.]

15. Joseph Campbell, professeur américain en mythologie (1904-1987). Phrase prononcée durant une émission télévisée sur « Mythe et Conscience ».

16. Genèse 1,27. (Traduction Œcuménique de la Bible [TOB], Paris/Villiers-le-Bel, Cerf/SBF, 10e édition 2004.)

« création », c'est donc affirmer, sans plus, que notre existence ne va pas de soi et qu'elle n'est pas, en tout état de cause, le produit de l'agir humain. Quiconque a réfléchi à ses propres origines en a conclu, de fait, qu'il n'en était pas responsable. Mais pour se percevoir soi-même en tant que créature, il n'est pas nécessaire de postuler un créateur (de la même façon, la reconnaissance dont un individu est capable n'est ni diminuée ni augmentée par le fait qu'il rend grâce à Dieu).

Les mythes entendent eux aussi expliquer, donner des réponses aux questions qu'un homme se pose, lorsqu'il regarde, émerveillé, le monde autour de lui. Ils transposent dans un lointain passé l'explication de ce qui est perçu au présent. Tout comme le font les contes : « Il était une fois ». Ainsi par exemple, l'histoire de Caïn et d'Abel [17] explique-t-elle, à la façon d'un mythe, comment des êtres remplis de bonnes intentions peuvent en arriver à se défoncer le crâne.

Et indubitablement, les humains d'alors ont été surpris, dans le présent qui était le leur, par la force d'attraction mutuelle entre les deux sexes; ayant vu et senti qu'ils étaient attirés les uns vers les autres comme des aimants, ils ont, dans leur quête d'une possible explication, supposé que, jadis, homme et femme ne faisaient qu'un. Pourquoi pas ? C'était en tout cas une façon plausible d'interpréter la surprenante extraction qui fait naître la femme d'une côte de l'homme. Si les choses s'étaient passées en sens inverse, on aurait disposé très tôt d'une base biblique solide pour rendre compte des naissances survenant chez les vierges. Mais l'esprit du temps ne s'y prêtait pas; les hommes tiraient alors les ficelles. Et ils n'ont manifestement pas digéré que seules les femmes puissent enfanter. Voilà. Autre temps, autre culture, et les interrogations allaient être formulées autrement : qu'y a-t-il eu en premier, l'œuf ou la poule ? Dans cette forme de questionnement, le coq n'intervient même pas.

---

17. Genèse 4.

Le *si/alors* ne constituait rien de plus qu'un acte de confiance dans le Dieu qu'on s'était donné. Il est probable que certains aient alors eu tendance à y voir une motion de censure à l'adresse des autres dieux. L'idée selon laquelle le Dieu que l'on révère « est supérieur à celui ou à ceux des autres » ne conduit pas, en règle générale, à l'entente pacifique; toute l'histoire des religions, jusqu'à aujourd'hui, n'en témoigne que trop. Le christianisme et ses croisades constituent un sinistre exemple en la matière.

Et c'est aussi ce qui se produisit à Babylone. Le peuple d'Israël n'y était pas en vacances, mais en exil. Les contacts avec la population locale ne durent pas toujours être amicaux. La rivalité s'installa entre YHWH et ses voisins, et l'on en vint aux mains. Pas au sens propre : des dieux qui n'existent pas n'ont pas de mains. Le combat entre les dieux ne fut pas mené dans un champ de bataille ou une arène, mais sur la place publique. Les slogans des supporters se laissent deviner : le nôtre est meilleur, plus fort, plus puissant que le vôtre, « *we are the champions* »[18]. Compétition entre représentations humaines de dieux, comme l'est toute discussion religieuse.

Les auteurs de la Bible n'étaient, bien entendu, pas des saints, ils soutenaient eux aussi leur champion, non sans chauvinisme. Voilà pourquoi le *si/alors*, cessant d'être circonscrit à la seule création, s'élargit pour devenir : « Tout ce dont votre dieu est capable, le nôtre peut s'en acquitter aussi bien, et s'il se peut, mieux que lui. » Aussi, le texte de la Genèse est-il rempli de piques. Par exemple : dans de nombreuses civilisations, le soleil était (le) dieu (suprême). Les Israélites, ayant souffert sous le joug du pharaon-« roi soleil », n'en avaient pas gardé de tellement bons souvenirs. Ils réglèrent malicieusement un vieux compte : « Dieu fit les deux grands luminaires, le grand luminaire pour présider au jour, le petit pour présider à la nuit, et les étoiles. Dieu les établit dans le firmament du ciel pour illuminer

18. En anglais dans le texte. [N.d.T.]

la terre [...] : quatrième jour. »[19] Le puissant soleil est fixé au ciel par un YHWH encore plus puissant, et qui plus est, au quatrième jour de la création. Rien ne colle dans cette histoire, car il faisait déjà soleil le premier jour[20]. En règle générale – et dans le cas présent –, les piques ne reposent pas sur des faits. Mais sous le couvert de la devise « le nôtre est plus grand et plus fort que le vôtre », une précision rigoureuse n'est pas de rigueur.

Dans le camp israélite, le combat fut évidemment considéré comme opposant « notre Dieu » à « vos idoles ». L'Ancien Testament a été adapté rétroactivement selon cette perspective : l'histoire du peuple d'Israël y est décrite comme une lutte permanente contre l'idolâtrie. On n'a, pour le coup, pas reculé devant l'exagération : les massacres décrits de façon si expressive dans le livre de Josué, et qui étaient intégrés au récit de l'entrée en Terre promise, sont le fruit de l'imagination.

« Si votre Dieu en est capable, le nôtre aussi. » Pour établir la vérité de cette assertion, encore fallait-il pouvoir comparer qualités et performances. A cette fin, on ne manqua pas de doter le Dieu d'Israël d'attributs qui appartenaient à d'autres dieux, faute de quoi il n'y aurait pas eu de comparaison possible. Les peuples voisins se représentaient les dieux comme des surhommes et donc, les personnifiaient. La météorologie n'existait pas encore. Dans leurs tentatives visant à comprendre les phénomènes naturels qui leur paraissaient inexplicables, ils ne se demandaient pas par quoi ces derniers étaient provoqués, mais par qui. Et comme ils pensaient qu'une voix divine se faisait entendre dans une pluie d'orage ou une tempête, cette voix fut dès lors également prêtée à YHWH ou – après avoir, de préférence, gagné quelques décibels – lui fut exclusivement attribuée.

---

19. Genèse 1,16-19. (Traduction Œcuménique de la Bible [TOB], Paris/Villiers-le-Bel, Cerf/SBF, 10e édition 2004.)

20. « Dieu dit : "Que la lumière soit !" Et la lumière fut (...) ce premier jour. » Genèse 1,3-4. (Traduction Œcuménique de la Bible [TOB], Paris/Villiers-le-Bel, Cerf/SBF, 10e édition 2004.)

Les traits humains alloués au Dieu d'Israël se firent de plus en plus nombreux, comme le montre l'Ancien Testament : Dieu pouvait se mettre en colère, devenir jaloux, négocier, changer d'idée, manifester du repentir. Petit à petit « *Ehyeh asher ehyeh* » se transforma en une personne évoquée au moyen de termes renvoyant aux êtres humains (berger, roi, chef d'armée) : Dieu « existait ».

Le processus décrit jusqu'ici n'est en fait pas plus qu'un banal combat entre des dieux (ou des adeptes de dieux) du même type que ceux dont regorge l'histoire humaine : le dieu qu'une communauté fait sien est considéré – par ses supporteurs du moins – comme le vainqueur, et placé, en qualité de chef, au sommet de la hiérarchie.

Dans le cas de YHWH, il s'est agi initialement d'une forme relativement douce de concurrence. Les autres dieux n'étaient pas niés, mais tenus pour inférieurs. Qu'on se reporte aux Dix commandements : « Tu n'auras pas d'autres dieux devant ma face. »[21] Mais ce précepte n'est formulé que parce que ce qu'il condamne se produisait effectivement; de toute évidence, la compétition était animée. En conséquence de quoi l'autorité du leader devait sans cesse être confirmée, il fallait toujours « donner plus de lustre » à YHWH. L'intervention des supporteurs ne s'est d'ailleurs pas limitée à cette opération de « lustrage » : au fil des siècles, le peuple d'Israël s'est défendu, non sans mérites.

Monothéisme

La compétition se conclut par le triomphe de ce qu'on a appelé le « monothéisme » : la croyance en un seul Dieu. Les autres divinités, cessant d'être reconnues comme subordonnées

21. Exode 20,3 (version Louis Segond, Nouvelle édition revue, avec parallèles, 1910).

à YHWH, furent considérées comme des idoles. Celui qui avait été jusqu'alors un des dieux parmi les autres fut proclamé dieu suprême devant seul être adoré, et son nom prit dès lors une majuscule. L'appellation générique se transformait en un nom propre. Il n'existait (!) désormais qu'un seul dieu : Dieu.

En se plaçant sous un autre angle, on peut estimer qu'une idole s'est élevée au rang de super-idole. Il y aurait beaucoup à dire à ce sujet, car, du *si/alors* initial ne subsistait alors presque plus rien : le seul être de nature divine qui demeurait en tant que tel ne différait plus qu'à peine des dieux des vaincus. Pour autant que ceux-ci eussent survécu, faut-il préciser, car avec l'instauration de la dictature, les mesures prises contre le sabotage de l'autorité s'étaient faites plus musclées. La pratique religieuse consistant à exterminer ses adversaires « jusqu'au dernier » dérive de cette évolution. On ne tolérait pas les idoles, il fallait les anéantir. Et aussi longtemps que l'un de ses adorateurs est encore en vie, estimait-on, l'idole continue à exister. Voilà, en un mot, l'explication de bien des effusions de sang dans l'Ancien Testament. Plus tard – songeons aux Cathares [22] –, il s'est avéré que l'Eglise avait elle-même nourri des sympathies pour cette façon de penser.

Evolution inquiétante, donc, que ce monothéisme. Encore aujourd'hui. Il nie qu'il existe chez tout homme une propension à se créer son propre dieu, et que rien – jusqu'à un certain point – ne saurait s'y opposer. Il n'en a jamais été autrement. Soit par exemple la formule judéo-chrétienne « le Dieu d'Abraham, d'Isaac et de Jacob ». Elle ne manquera vraisemblablement pas de suggérer que les trois personnes concernées ont cru en un même Dieu. En réalité, il est écrit : « Le Dieu d'Abraham, le Dieu d'Isaac et le Dieu de Jacob » [23], ce qui signifie tout aussi

22. Egalement dénommés « Albigeois » : courant gnostique qui fut éradiqué par ordre du pape au XIIIe siècle. (A propos de la gnose, voir également la note 9, p. 146.)

23. Exode 3,6 (version Louis Segond, Nouvelle édition revue, avec parallèles, 1910).

bien qu'il est peu probable, même d'un point de vue biblique, que le Dieu de Jacob ait été la copie conforme de celui de son grand-père. Et comment pourrait-on penser que les chrétiens croient en la même chose depuis deux mille ans ?

Dieu a dû lui-même trouver à redire à son statut monothéiste nouvellement acquis. Car il a été assez lourd de conséquences. Alors que le « *ehyeh asher ehyeh* » était sexuellement non marqué, il a fallu désormais faire un choix. Et Dieu, bien sûr, est devenu un homme.

La séparation obligée d'avec les autres dieux, ainsi que le célibat, a sans doute été plus douloureuse. Les noms de divinités féminines attestées dans l'Ancien Testament, Ashera et Astarté, indiquent à tout le moins qu'outre YHWH, une déesse faisait l'objet d'un culte. Il est vraisemblable – encore que le fait soit contesté – que YHWH a entretenu une relation avec elle, ou qu'il était tout simplement marié [24].

A qui Dieu aurait-il dit : « Faisons les humains [...]» ? [25]

Quoi qu'il en soit, il fallait que Dieu fût célibataire, ne serait-ce que pour se distinguer des voisins. Dans d'autres contrées, les paires de dieux s'accouplant étaient chose tout à fait normale, et certaines cultures imputaient l'apparition de l'homme et de l'univers à l'accomplissement de l'« acte » entre dieux et déesses.

Ce n'est qu'au travers de traditions orales que l'on peut retrouver des vestiges de temps plus favorables à Dieu. Une ancienne légende raconte qu'il tomba amoureux alors qu'une belle jeune femme dansait devant lui. Elle le plongea dans un tel

24. On trouve davantage d'indices concernant YHWH et « son » Ashéra sur les tessons de poterie que dans la Bible, dont les textes ont été ultérieurement toilettés par des rédacteurs sans aucun doute célibataires. C'est notamment et surtout dans 2 Rois 21,7 que leur sérieux laisse à désirer : « Il mit la statue d'Ashéra qu'il avait faite dans la maison dont l'Eternel avait dit à David et à son fils Salomon : C'est dans cette maison et c'est dans Jérusalem, que j'ai choisie parmi toutes les tribus d'Israël, que je veux pour toujours placer mon nom. » (Bible La Colombe, Villiers-le-Bel, SBF, 1978.)

25. Genèse 1,26. (Nouvelle Bible Segond, Bibli'O, 2002.)

ravissement qu'il créa le monde dans l'instant. (Quelqu'un parlait de *dessein intelligent* ?)

« Ecoute, peuple d'Israël ! Le Seigneur notre Dieu est le seul Seigneur »[26] : telle fut (provisoirement) la conclusion triomphale d'une longue évolution. Notre Dieu a vaincu ! Voilà comment le Dieu d'Israël est venu, comme Seigneur et Maître se promener dans notre ère et dans l'histoire de l'Eglise. Façon de parler...

26. Deutéronome 6,4. (Bible en français courant, Villiers-le-Bel, SBF, 1997.)

Eglise et théologie : Dieu comme le Très-Haut tout-puissant

Nous croyons tous, avec notre cœur, et confessons avec notre bouche qu'il existe une seule et simple Essence spirituelle, Laquelle nous nommons Dieu : éternelle, incompréhensible, invisible, immuable, infinie, toute-puissante, qui est toute sage, toute juste, toute bonne, et source surabondante de tout bien[1].

Nous effectuons un grand saut jusqu'au premier siècle de notre ère, époque à laquelle est apparue l'Eglise.

Dans l'intervalle, pas mal de choses s'étaient produites : Babyloniens, Perses, Grecs, Egyptiens et Romains allaient et venaient, et ils ne manquèrent pas d'exercer leur influence sur la religion d'Israël et le christianisme naissant. La philosophie

1. Article 1 de la *Confession de foi néerlandaise (Nederlandse Geloofsbelijdenis)*. L'article 1 de la *Confession de foi des Eglises réformées de France*, dite *Confession de foi de La Rochelle* (1559) est rédigée en des termes très proches : « Nous croyons et confessons qu'il y a un seul Dieu, qui est une seule et simple essence spirituelle, éternelle, invisible, immuable, infinie, incompréhensible, ineffable, qui peut toutes choses, qui est toute sage, toute bonne, toute juste, et toute miséricordieuse. » Voir *Confessions et catéchismes de la foi réformée*, Genève, Labor et Fides, 2005², p. 115. [N.d.T.]

grecque, en particulier, laissa son empreinte, à savoir l'idée que Dieu serait un être « surnaturel ».

Lorsque l'Eglise se constitua, le Dieu de la Bible était plus ou moins devenu un concept philosophique. Certains mots des récits bibliques avaient été extraits de leur contexte et s'étaient transmués en attributs spécifiques qui allaient vivre leur propre vie. Des termes tels qu'« immuable » et « infini » ne figurent pas dans la Bible, on n'y parle pas d'un « être » et encore moins d'une essence « seule et simple ». Dieu est devenu de plus en plus abstrait et de moins en moins biblique.

Les auteurs de la Bible, justement, ne se servaient pas d'abstractions, mais d'images renvoyant à l'homme : Dieu est comme un père, comme un berger, comme un roi.

L'avènement de la théologie a fait disparaître ce « comme ». Les images sont devenues vérités, ce qui avait été langage mythologique a été proclamé réalité de fait. Le mot « Dieu » qui, à l'origine, renvoyait à une expérience, est devenu un joujou pour théologiens. Sentiments et sensations liés jadis à cette expérience en ont été détachés. Les croyants n'ont plus eu dès lors qu'à s'accommoder d'un Dieu inintelligible, immuable, marmoréen.

Le décalage entre le Dieu de la Bible et celui de la théologie n'a pas cessé de croître. Il est écrit, dans le livre de l'Exode, que Dieu est « descendu »[2] : je ne suis pas, justement, comme tous ces autres dieux immobiles sur leurs trônes; je vais avec vous. Ce Dieu, qui ne pouvait se trouver que là où il y a des hommes, a été sacrifié à l'idée qu'il existe, outre notre univers humain et naturel, un monde surnaturel, dans lequel les dieux ont leur séjour. Il lui a fallu déménager. Lui qui, jadis, avait, comme n'importe lequel d'entre nous, traversé à pied les sables du désert, s'est vu attribuer le nouveau statut d'« être supérieur transcendant ». Il est devenu « grand manitou de l'au-delà »,

2. Exode 3,8. (Traduction Œcuménique de la Bible [TOB], Paris/Villiers-le-Bel, Cerf/SBF, 10e édition 2004.)

président-directeur général du ciel et de la terre. Ici-bas, la besogne a été désormais abandonnée au Fils et au Saint-Esprit. Pauvre Dieu. Mais le pire était encore à venir.

Dieu, le Tout-Puissant

Le processus d'émulation et de mise en avant décrit plus haut se prolongea, sans faiblir, au-delà de l'an zéro : pour faire ressortir la puissance souveraine de Dieu, on le para de qualités destinées à le distinguer de ses concurrents. Il devait au moins égaler, en capacité, tous les autres dieux connus. Au bout d'un certain temps, tout, à proprement parler, lui devint possible. Ainsi s'effectua la lente macération de ce que Dieu devait en fin de compte payer très cher à notre époque : il devenait tout-puissant !

Ceci allait s'avérer une erreur aux effets perdurables, pour ne pas dire une faute capitale. Le germe de ce qu'on appelle aujourd'hui la « sécularisation » fut semé et vint remplir les greniers de ce qui deviendrait plus tard l'athéisme.

En déclarant Dieu tout-puissant, on avait, sur le plan biblique, fait sauter les derniers fusibles. Le terme « toute-puissance » est censé rendre l'hébreu *shaddaï*. Mot intraduisible, à vrai dire ; mais l'on frise, avec « tout-puissant » le contresens absolu. Martin Buber[3] traduit *shaddaï* par *der Gewaltige*[4], « le formidable » (au sens étymologique), celui devant lequel on est saisi, qui vous fait de l'effet (comme qui dirait). Le mot *shaddaï* s'utilise pour qualifier une montagne : « qui impressionne fortement », « qui s'impose à la vue », « colossale ». C'est également ce qu'on finit par dire lorsqu'on essaie de donner un nom à ce qui peut advenir à des êtres humains ou survenir entre eux,

3. Martin Buber, philosophe austro-israélien des religions (1878-1965).

4. En allemand dans le texte. Le mot signifie : énorme, impressionnant. [N.d.T.]

qu'on découvre que des choses comme l'amitié ou la fidélité existent : *formidable !*

Aussi le mot *shaddaï* doit-il avoir été, à l'origine, un terme s'appliquant à une expérience. La théologie officielle se l'est approprié par la suite pour en affubler Dieu et faire de lui un être omnipotent. La « toute-puissance » s'est transformée de la sorte en attribut divin, et Dieu en superpuissance : le Tout-Puissant.

Dans les confessions de foi et les livres de prières, cette notion de « toute-puissance » apparaît comme étant l'un des attributs principaux de Dieu. On remplirait des rayonnages entiers de bibliothèques avec les ouvrages de dogmatique qui lui ont été ou lui sont consacrés. Ces derniers ne font qu'attester l'origine bien peu biblique, mais d'autant plus ecclésiologique de la « toute-puissance ». Et laissent voir qu'il n'y a là qu'un copiage, mal fait, en plus. Alors qu'il existait, justement, un si bon modèle ! Les Grecs vénéraient plusieurs dieux qui constituaient ensemble ce qu'on appelle le Panthéon. Zeus était le dieu suprême. Ses pouvoirs, étendus, n'égalaient toutefois pas ceux des autres dieux réunis. La puissance était partagée, chaque dieu ayant sa spécialité et disposant d'une autorité limitée. Et les Grecs ne firent pas l'erreur que l'Eglise allait plus tard commettre : ils ne concentrèrent pas en la personne d'un seul Dieu des attributs incompatibles.

La toute-puissance n'est pas seulement indéfendable d'un point de vue biblique, elle soulève des problèmes auxquels il est impossible de répondre. Ainsi, on ne sait encore pas exactement si Dieu peut inventer des devinettes qu'il est incapable de résoudre par lui-même. Mais ce n'est là qu'un joujou pour théologiens et athées.

Chose plus grave ou plus cruelle, le terme de « toute-puissance » a jusqu'à maintenant conforté l'image d'un Dieu qui aurait le pouvoir d'empêcher le mal. Voilà qui faisait et fait toujours problème pour les croyants ; s'il le peut, pourquoi Dieu n'intervient-il donc pas ? Si Dieu a le pouvoir de faire tout ce qu'il veut, pourquoi y a-t-il donc tant de malheureux, et meurt-il tant de jeunes ? La question était et reste par avance insoluble : si Dieu ne peut prévenir le mal, il n'est pas tout-puissant. Et s'il le peut, mais s'abstient de le faire, c'est un sadique [5].

Toute-puissance et bonté sont incompatibles, et c'est précisément pour ne l'avoir pas vu que l'Eglise a précipité sa propre perte : elle a gratifié Dieu de ces deux attributs contradictoires.

Pourquoi dire de Dieu qu'il est bon ? Je ne reprendrais certes pas à mon compte les qualifications que lui prête Richard Dawkins [6] (qui parle à son propos de despote borné, implacable, haineux, féroce, acharné, et d'une malignité imprévisible), mais affirmer pour autant que le Dieu de l'Ancien Testament est un bon bougre, ça non !

L'Eglise a pourtant estimé ne plus pouvoir faire marche arrière. Seule une coupure totale du lien établi entre Dieu et le mal aurait permis de laisser le champ libre à une religion digne de foi. Marcion de Sinope [7] avait dès le IIe siècle indiqué une issue, en proposant d'attribuer à un démiurge subalterne la responsabilité du cours des affaires terrestres, sans y impliquer le véritable Dieu, le Dieu de bonté. D'autres confessions s'avèrent parfaitement compatibles avec la représentation du mal comme puissance autonome à côté de Dieu. Il n'en fallait probablement pas plus pour qu'elles soient rejetées comme autant d'hérésies par le courant dominant du christianisme. Saint Augustin ne

---

5. Le philosophe grec Epicure avait, vers l'an 300 avant Jésus-Christ, déjà donné l'éveil : ou bien Dieu veut débarrasser le monde du mal, mais il ne le peut pas, ou bien il le peut mais ne le veut pas, ou encore, il ne le veut ni ne le peut.

6. Dawkins écrit : « On peut dire que, de toutes les œuvres de fiction, le Dieu de la Bible est le personnage le plus déplaisant : jaloux, et fier de l'être, il est impitoyable, injuste et tracassier dans son obsession de tout régenter ; adepte du nettoyage ethnique, c'est un revanchard assoiffé de sang ; tyran lunatique et malveillant, ce misogyne homophobe, raciste, pestilentiel, mégalomane et sadomasochiste pratiquant l'infanticide, le génocide et le "filicide" » (Richard DAWKINS, *Pour en finir avec Dieu*, Paris, R. Laffont, 2008, p. 38).

7. Marcion de Sinope (vers 100-160).

rappelait-il pas avec fermeté au IVe siècle que le mal survient contre la volonté de Dieu, mais pas en dehors de sa volonté ? Il était probablement le seul à comprendre ce qu'il disait.

Les tremblements de terre, les épidémies et les éruptions volcaniques survenues plus tard (ce n'était pas pour rien, après tout, que Dieu avait dit : « Et voici, cela était très bon » [8]) n'ébranlèrent nullement l'aplomb de l'Eglise. Au contraire : la *Confession de foi néerlandaise* est parfaitement claire au sujet de la toute-puissance et de la bonté de Dieu. *Essence spirituelle [...] toute-puissante, qui est toute sage, toute juste, toute bonne, et source surabondante de tout bien* [9]. Pauvre Dieu. Dire que c'est justement sa bonté qui lui valut d'être en discrédit.

Les athées riaient déjà sous cape. Chez eux, il est vrai, car à l'extérieur, ç'aurait été une imprudence, eu égard aux bûchers et autres accessoires dont on disposait pour bien faire sentir l'orthodoxie de l'Eglise. Mais ils avaient raison et ils allaient d'ailleurs obtenir gain de cause : le problème du mal concerne tous les hommes, croyants et incroyants. Qu'ils y puissent quelque chose, qu'ils n'y puissent rien, dans un cas comme dans l'autre, Dieu ne doit pas être accusé faussement. Pourquoi a-t-il permis que cet enfant se fasse écraser ? La réponse, c'est l'athéisme : ce Dieu n'existe pas. C'est heureux…

Mais on n'en était pas encore là. L'Eglise constituait, du fait notamment de son union avec l'Etat, une institution puissante. Jouant du ciel et de l'enfer, elle traversa sans grand embarras le Moyen Age.

Un demi-millénaire nous sépare de cette époque. Chronologiquement, du moins, car, pour ce qui est de la toute-puissance, il n'y a, officiellement, rien de changé : les catéchismes médiévaux ont été intégrés in extenso à la doctrine de l'Eglise protestante

---

8. « Dieu vit tout ce qu'il avait fait ; et voici, cela était très bon » (version Louis Segond, Nouvelle édition revue, avec parallèles, 1910).

9. Voir note 1, p. 71.

aux Pays-Bas. Autrement dit : lorsqu'on pose à cette Eglise une question du XXIe siècle, on obtient une réponse datant du XVIe siècle.

Bien qu'il ne faille pas s'attendre à un aveu spontané sur ce point, le recours à la « toute-puissance » est une erreur de l'Eglise, qui s'est ainsi jouée des fidèles des siècles durant. Ou, pour dire les choses encore plus clairement : c'est là du paganisme pur et simple, finissons-en ! Et inutile de finasser. On s'y est employé, en parlant de « puissance limitée », de « puissance désarmée », de « faibles forces qui finiront par l'emporter ». Cela n'a suscité de la part des athées que des sarcasmes (le tigre de papier !). A juste titre, car en fin de compte, il ne s'agissait là de rien de plus que d'impuissants subterfuges humains inventés pour se dépêtrer de la sujétion du mal à la puissance divine. Et, pour autant que ces tentatives fussent destinées à refréner la désertification des lieux de culte, c'est l'effet inverse qui s'est produit : même les fidèles n'ont pas été convaincus. Pour beaucoup d'entre eux, se séparer de la toute-puissance impliquait aussi de se séparer de l'Eglise et de Dieu. Le mouvement de désaffection massive des églises, qui s'est amorcé après la Seconde Guerre mondiale, continue à être extrêmement soutenu. J'applaudis à cet essor, non seulement en tant qu'athée, mais aussi en tant que pasteur : mieux vaut se passer d'Eglise que d'en avoir une dans laquelle ce qui est impossible est maintenu contre toute raison.

Mais que reste-t-il de Dieu s'il n'est plus tout-puissant ? Pour moi, rompre avec la toute-puissance, ne signifie pas rompre avec Dieu. Au contraire, je me réjouis de pouvoir croire en un Dieu qui n'est pas tout-puissant. C'est pourquoi je pose la question autrement : si Dieu n'est pas tout-puissant, y a-t-il encore matière à croire ?

Mais ce faisant, je suis déjà en train d'anticiper sur la partie qui suit.

Science

Quelle différence y a-t-il entre le savant qui observe au microscope les manifestations les plus infimes et les plus insoupçonnées de la vie, et un vieux paysan sachant à peine lire et écrire qui, au printemps, va dans son jardin et contemple, absorbé dans ses pensées, les bourgeons qui éclatent aux branches des arbres ? Tous deux sont en face de l'énigme de la vie, l'un peut en faire une description plus détaillée que l'autre, mais tous deux sont à égalité devant l'insaisissable[1].

Il a été question auparavant de ce que l'Eglise avait fait de Dieu et de la foi jusqu'à la fin du Moyen Age. Ce n'est qu'avec la montée en puissance de la science qu'elle s'est vue, sur ce plan, contrariée par une opposition notoire.

1. Albert SCHWEITZER, extrait de la prédication du 16 février 1919 (église Saint-Nicolas, Strasbourg), in : *Vivre*, Paris, Albin Michel (Espaces libres), 1970, p. 168.

Avant de mettre en lumière les « bienfaits »[2] de la science, j'indiquerai dans les grandes lignes comment elle s'est imposée durant les siècles passés. Sans manquer d'attirer l'attention sur ses limites – ne serait-ce qu'eu égard au fait que de nombreux hommes de science sont athées.

L'Eglise et la science n'ont jamais fait bon ménage, et en disant cela, je marche sur des œufs. Ce constat nous en apprend plus sur les théologiens et les scientifiques que sur Dieu et la foi. Je conclus en disant que croyants et scientifiques, pourvu qu'ils s'en tiennent à des règles communes, ne sont pas nécessairement rivaux. Ils peuvent même s'allier dans la lutte contre les superstitions. Comme une forme particulière de superstition – l'idée selon laquelle l'apparition du cosmos et Dieu seraient véritablement liés par une nécessité réciproque – s'avère particulièrement répandue et tenace, tant parmi les croyants que parmi les athées, je consacrerai un paragraphe spécial à la théorie de l'évolution et au *dessein intelligent.*

2. Le mot utilisé ici en néerlandais, *zegening* signifie d'une part « bénédiction » au sens religieux, d'autre part « bienfait » (dans tous les sens, religieux ou « laïcs » de ce terme). La notion de « bienfait », quand elle est exprimée en néerlandais par *zegening* reste donc plus ou moins surdéterminée par l'usage religieux du terme. Le verbe « bénir » se dit d'ailleurs *zegenen.* Klaas Hendrikse joue ici sur cette particularité lexicale. En français, si « bienfait » peut être utilisé dans un contexte religieux (on parle par exemple des « bienfaits de Dieu ») mais aussi laïc (les « bienfaits de la médecine »), « bénédiction » ne s'utilise pratiquement que dans un contexte religieux. La distinction entre les deux signifiants est donc plus tranchée en français qu'en néerlandais, et le locuteur français n'a pas, la plupart du temps, l'impression, en employant le mot « bienfait », d'emprunter un mot issu du lexique religieux. Parler en français des « bénédictions » de la science serait absurde, car indépendamment de l'étrangeté sémantique produite (qui n'existe pas en néerlandais avec le mot *zegening*), on perdrait toute référence au « bienfait » dans son sens le plus général. [N.d.T.]

Développement de la science : quatre siècles à vol d'oiseau

Tu es ici parce que tu sais quelque chose ; tu as un savoir qui t'habite, mais tu ne te l'expliques pas. Tu l'as toujours ressenti. [...] Sais-tu de quoi je parle ? [3]

Jusqu'à la fin du Moyen Age, Dieu, par l'entremise de l'Eglise et faute d'une solution de remplacement, a servi à expliquer tout ce qu'on ne comprenait pas. Toute discordance entre croire et savoir était exclue et pour autant qu'une telle menace ait pu se présenter, le magistère de l'Eglise avait le dernier mot. La raison était subordonnée à la foi.

Après le XVIe siècle, époque de la Réforme et de la Contre-Réforme, les choses commencèrent à changer. Galilée osa affirmer de son vivant que c'est la terre qui tourne autour du soleil, et non l'inverse. Ce qui faisait problème, car il y avait, dans ce cas, une erreur dans la Bible. Josué n'avait-il pas dit, en s'en remettant au Tout-Puissant : « Soleil, arrête-toi ! » [4] L'Eglise réagit comme elle en était, jusqu'alors, coutumière : rétractation ou bûcher. Galilée choisit sagement le premier terme de l'alternative. Les temps n'étaient pas encore mûrs pour qu'on puisse s'exprimer ouvertement en toute impunité.

Ce qu'il avançait n'était pas tout à fait nouveau, mais confirmait ce que Copernic avait déclaré quelques années auparavant (sur son lit de mort, du reste). Et Copernic n'avait pas innové non plus : un astronome grec, Aristarque de Samos, avait déjà soutenu, au IIIe siècle avant Jésus-Christ, que la terre tourne autour du soleil. La nouveauté tenait au fait que c'était Galilée qui l'affirmait, et ce, haut et fort. Simplement, tout le monde

3. Morpheus à Néo, dans le film *Matrix* (1999).

4. Josué 10,12 (version Louis Segond, Nouvelle édition revue, avec parallèles, 1910).

devait le savoir, du moins dans les strates supérieures du clergé. Je suis prêt à parier que les conclusions d'Aristarque étaient déjà connues depuis des siècles derrière les portes réfractaires du Vatican lorsque Galilée éleva la voix.

L'autorité de l'Ecriture avait encore la solidité d'un roc ; de la première à la dernière page, la Bible était la parole de Dieu. Mais la cuirasse commençait déjà à céder. Armée de ses propres explications, la science rognait les prétentions à la vérité de l'Eglise. Stimulée par l'exemple de Descartes, de Spinoza, et plus tard de Kant, la pensée commença à s'exercer ouvertement. La pression s'intensifia : avec la naissance d'Isaac Newton, la physique moderne était, elle aussi, déjà dans les langes.

Après le XVIIe siècle, la domination de la religion faiblit peu à peu. La position de l'homme se renforça. Descartes l'avait pressenti : « Je pense, donc je suis », je suis à même de penser, et je pense que ce que jusqu'ici nous croyions savoir de Dieu est œuvre humaine. L'ère des Lumières s'annonçait.

Le monde changeait à un rythme très rapide : l'homme devenait un individu libre, capable de s'exprimer et de se défendre, la science moderne apportait des solutions à des questions auxquelles on ne pouvait autrefois répondre qu'avec l'aide de la toute-puissance de Dieu. Outre la pression extérieure, exercée par les sciences de la nature, l'Eglise subissait également une pression interne, liée au développement des connaissances bibliques qui se dégageaient progressivement de l'emprise de la censure ecclésiastique. La critique des textes et de la tradition mettait en évidence le caractère indéfendable de toutes sortes d'idées religieuses instituées.

Le XIXe siècle vit la naissance d'une théologie libérale ouverte à des conceptions nouvelles, inspirées par la science. La révélation cessa d'être considérée comme seule source de la connaissance rationnelle. L'Eglise tenta de jouer la docilité ; interprète de l'individualisme naissant, elle fit comme si la religion était affaire de vie intérieure, de sorte que, s'agissant du contenu exact de la Bible et de sa fiabilité, il devenait moins impératif d'y regarder d'aussi près. Mais la marge de manœuvre était étroite, car l'enjeu, en fin de compte, n'était bien évidemment pas ce qui se passe dans le for intérieur des croyants, mais les exigences de Dieu à leur égard. Donc rien du tout ; mais cela, l'Eglise ne l'avouera jamais.

Plus sa toute-puissance était attaquée, plus Dieu écopait. Avant même la fin du XIXe siècle, Nietzsche l'avait déjà déclaré mort.

Mais on n'en était pas encore là, bien que Dieu ait franchi le seuil du XXe siècle quelque peu écharpé. Deux guerres mondiales plus tard, les fidèles se sont mis peu à peu à quitter les Eglises, pour, finalement, les déserter en masse. A titre de comparaison : au début du siècle écoulé, les non-pratiquants néerlandais constituaient une exception. Cinquante ans après, quatre-vingts pour cent de la population des Pays-Bas se considéraient encore comme appartenant à une Eglise. Aujourd'hui, alors que cinquante ans se sont à nouveau écoulés, on est tombé à vingt pour cent.

Nous voici revenus au présent : la mort de Dieu, de la foi et de l'Eglise semblent proches. Dans le quatrième chapitre, je soutiendrai, plein d'espoir, qu'il n'est pas nécessaire d'en arriver là.

Mais faisons d'abord le bilan de ce que j'appelle les bienfaits de la science.

Bienfaits

Ne dis pas : autrefois, c'était mieux qu'aujourd'hui, pourquoi donc ?
Celui qui pose cette question n'est pas un sage[5].

Les athées comme les croyants peuvent être reconnaissants à la science. Encore que, s'agissant des athées, ce ne soit pas dit.

5. Ecclésiaste 7,10 (traduction Bible Parole de Vie, Alliance Biblique française, 2009).

Ils se sentiront sans aucun doute renforcés par le fait que bien des choses qui jadis étaient attribuées à Dieu sont expliquées et découvertes par la science. Peut-être attendent-ils avec impatience le moment où le big bang et la théorie de l'évolution seront devenus des vérités scientifiques irréfutables. Je ne voudrais pas gâcher leur plaisir, mais je leur rappelle que moins Dieu se maintient, plus leur position se trouve affaiblie. Un athée ne fait jamais que nier ce que d'autres affirment de Dieu. Si je n'étais qu'athée, je me ferais des soucis quant à l'avenir.

Ce sont plus spécialement les croyants qui peuvent se réjouir. C'est à la science qu'ils doivent de ne plus avoir à redouter démons, esprits malins, enfer et damnation. Nombre d'entre eux sont délivrés de ces poids morts d'antan. Leur foi ne s'en trouve pas ébranlée, mais « décapée »[6]. Elle est débarrassée du « ce que tu ne sais pas, tu n'as pas d'autre possibilité que de le croire ». Grâce à la science, nous savons désormais beaucoup de choses que nous n'avons donc plus à accepter sur la foi d'autrui. Voilà ce qui s'appelle « une forme allégée du "croire" ». C'est très sain.

Mais la situation n'en a pas été facilitée. Car si, à la vérité, nous savons aujourd'hui que ça ne se passe pas comme nous le croyions autrefois, nous ne savons toujours pas pour autant comment ça se passe. Que le croyant se console : savoir que les choses ne sont pas ce qu'on croyait autrefois qu'elles étaient, c'est très fréquent dans la Bible. Il suffit de lire le récit d'Elie : un croyant ne sait jamais ce qu'il en est[7].

S'il m'est loisible de faire appel à mon expérience, je dirai que la science m'a permis de comprendre énormément de choses. En vivant au XVIe siècle, j'aurais probablement cru que la terre était un disque plat sur lequel il pleut lorsque Dieu,

6. J'emprunte ce mot à Han Adriaanse, professeur émérite de théologie.

7. Je fais référence au récit de 1 Rois 19,11 : « L'Eternel n'était pas dans le vent. [...] L'Eternel n'était pas dans le tremblement de terre. » (Version Louis Segond, Nouvelle édition revue, avec parallèles, 1910.)

là-haut, ouvre les écluses. J'aurais ignoré que naître d'une vierge ne constitue pas un miracle biologique mais une condition nécessaire pour qui veut fonder une religion. Et que Jésus, a, sur ce point, été devancé par Osiris, que les disciples et leurs scribes ont abondamment copié [8].

Je comprends, à partir de là, pourquoi Matthieu traduit « vierge » quand Esaïe écrit « jeune fille » [9]. Je sais ainsi non seulement que Noé n'a jamais séjourné dans une arche, que Jésus ne pouvait marcher sur les eaux, qu'il n'a pas prononcé de Sermon sur la montagne ni redonné vie à des morts, mais aussi pourquoi ces choses ont été dites à leur sujet. Tout cela, je le dois à la science. Je n'ai pas le sentiment de subir de la sorte une perte, ou d'être confronté à un manque. Au contraire : ce qui s'est produit, c'est précisément un apport. Croire sans être obligé de ruser avec ma raison constitue désormais pour moi une expérience passionnante, qui m'inspire, m'amuse même parfois, et, par bonheur, me procure çà et là encouragement et réconfort.

Tous les croyants, bien sûr, ne seront pas de cet avis. Certains milieux orthodoxes n'ont que faire des découvertes de la science. Pour eux, « la » vérité a été établie une fois pour toutes au XVIe siècle. Aussi leur réaction se borne-t-elle à décréter que la science se trompe à chaque fois qu'elle avance quelque chose qui contredit l'enseignement de l'Eglise. Là, l'autorité de la Bible s'exerce pleine et entière et la toute-puissance de Dieu demeure indiscutée.

L'homme de science grince des dents en aparté et en est réduit à constater que celui qui croit a mis en sommeil son intelligence.

---

8. De nombreux propos se rapportant à Jésus sont antérieurs à sa naissance. Ils démarquent plus ou moins – voire reproduisent littéralement – ce qui avait été dit, des siècles plus tôt, du dieu Horus : que ce dernier était né d'une vierge, avait reçu la visite de mages d'Orient qui suivaient une étoile, avait changé de l'eau en vin, chassé des démons, été trahi pour trente deniers, était mort sur une croix, descendu aux enfers puis ressuscité le troisième jour, était monté au Ciel où il se tenait à la droite de Dieu, etc.

9. Esaïe 7,14. [N.d.T.]

Cette conclusion pourrait être formulée de façon plus subtile, mais en fait, elle dit vrai : le croyant accorde moins de crédit à sa propre raison qu'à des dogmes moyenâgeux par lesquels l'impossible peut lui-même être tenu pour crédible. Mais si, par bravade, cet homme de science décrète ensuite au nom de son athéisme que « toute religion est une absurdité et toute forme de foi est arriérée », il tire là une conclusion bien peu scientifique, du fait que l'orthodoxie en question ne rassemble qu'une petite partie de la communauté des fidèles.

Hélas, et c'est là que le bât blesse – et me blesse –, ce groupe se trouve surreprésenté dans l'Eglise (protestante aux Pays-Bas) à laquelle j'appartiens. Pas du point de vue numérique, mais en raison d'une sorte de pondération du droit de vote. Ce qui va jusqu'à empêcher qu'on discute de la question de la vérité autrement qu'en vertu du principe selon lequel « plus c'est gros, plus il faut avaler » : on voudrait de la sorte faire passer pour un fait historique les tribulations d'un Jonas englouti par un poisson pendant trois jours sans être étouffé. L'hypothèse selon laquelle il pourrait exister un rapport entre la progression des idées scientifiques et la perte par l'Eglise de la moitié de ses fidèles durant la dernière décennie est un sujet tabou dans ces milieux. Sans parler d'un éventuel aggiornamento du dogme ! Harry Kuitert a plus d'une fois mis le doigt sur le point névralgique : l'Eglise ne peut tirer profit des résultats des sciences exégétiques, car elle serait alors obligée de modifier sa doctrine, ce à quoi elle se refuse [10].

Pour quelle raison ? Est-ce la peur ? Inutile de s'inquiéter, voyons : la toute-puissance de la science est limitée, ce n'est sûrement pas elle qui vous fera perdre la foi !

---

10. Harry Kuitert écrit littéralement : « L'Eglise donne à des questions historiques une réponse dogmatique qui n'est autre que celle de la doctrine. Doctrine que les Eglises ne peuvent modifier sous peine de se saborder elles-mêmes. » (*Schiften* [*Le passage au crible*], Kampen, Ten Have, 2004, p. 140.)

Limites

La science nous dit ce qui est, mais non ce qui devrait être [11].

La science n'explique pas tout. Face à ce qui nous laisse sans voix – émerveillement, émotion, vulnérabilité – elle n'a pas, non plus, le dernier mot. Sur Dieu, elle n'a rien à dire. Un homme de science ne peut même pas affirmer que Dieu n'existe pas. Si, pour ma part, je me le permets, c'est que je ne prétends pas prouver scientifiquement cette assertion. J'ouvre néanmoins là ma porte, car ce que je dis alors de Dieu peut faire l'objet d'une investigation scientifique. Mais lorsque j'affirme croire en Dieu, je la referme.

Cela implique-t-il que la science ne peut rien dire non plus de la foi ? Sur mon cas personnel, elle aurait peu à dire, car je ne crois que ce que ma raison ne dément pas. Ce qui ne signifie pas que je ne crois rien de ce qui dépasse ma raison. Non. Mais la science est, dans ce cas, elle aussi dépassée.

Dans d'autres cas, comme par exemple lorsqu'un croyant soutient que les Israélites se sont fait un veau d'or dans le désert [12], l'homme de science a son mot à dire. Il ne manquera pas de faire remarquer que les nomades de l'âge de bronze ne pouvaient disposer de la technique indispensable à cet effet. Mais il n'a alors voix au chapitre que parce que le croyant s'est risqué sur son terrain.

Dans l'autre sens, le rapport est plus difficile, car croire n'est qu'en partie un acte rationnel. Si je dis que je me sens comme Pierre marchant sur les eaux, un scientifique pourra m'expliquer que personne n'a jamais pu marcher sur l'eau, et pourquoi c'est impossible. Il a raison, et on lui donnera raison. Mais mon sentiment n'en demeure pas moins. Il s'agit là d'expérience intérieure,

11. Albert Einstein.
12. Exode 32. [N.d.T.]

d'émotions, réalités auxquelles la foi est indissociablement liée, alors que la science n'a que peu ou même rien à y voir. Une telle expérience ne résulte pas d'un raisonnement intellectuel : elle ne peut donner lieu à une argumentation et la science ne peut la réfuter.

J'entends parfois dire : « Je ne le sais pas, je le crois. » Voilà qui justifie – dans une certaine mesure – qu'on pose alors la question : « Croire, est-ce donc pour vous "accepter" ? » Mais – et les athées ont parfois tendance à le faire – il ne faudrait pas chercher à déformer ce genre de propos pour lui faire dire « ce qu'on ne sait pas, on ne peut pas non plus le croire ». Car la raison devient alors despotique ; ce qui échappe à la faculté de compréhension de l'intellect se trouve frappé d'inanité. Et le locuteur s'aventure sur une pente glissante, car ériger en norme la raison est quelque peu arbitraire. Ce n'est pas en effet seulement parce que quelque chose est raisonnable que nous le faisons, mais aussi parce que cela nous amuse, ou nous est agréable. La Bourse est un bon exemple de la capacité qu'a l'irrationalité à gagner même les esprits rationnels.

Le « croire » et la science ne sont pas incompatibles

Dans la maison de mon Père, il y a beaucoup d'endroits pour habiter[13].

Croyant et homme de science n'ont pas à se concurrencer mutuellement. J'accorderais sans doute à chacun une chambre particulière, mais ils peuvent parfaitement habiter la même maison. Aussi différent que puisse être le regard qu'ils lui portent lorsqu'ils ouvrent les rideaux le matin, ils voient tous deux le même soleil se lever. C'est au sein de la même réalité qu'ils vivent et que leurs yeux se déplacent.

---

13. Jean 14,2 (traduction Bible Parole de Vie, Alliance Biblique française, 2009).

Cette image de cohabitation dans une même maison s'oppose au point de vue qu'adoptent les tenants de la « séparation de biens ». Partant de l'idée que croyant et homme de science vivent dans des mondes qui ne se touchent pas, ils divisent pour ainsi dire la réalité : l'homme de science explique, dans sa maison, comment la vie est apparue pendant que le croyant se demande, dans l'autre, pourquoi nous vivons. En un mot : la science explique, la foi donne sens. Ce n'est pas seulement la réalité qui se trouve ainsi clivée, mais aussi l'homme : un scientifique est considéré comme étant objectif et rationnel, un croyant comme subjectif et irrationnel, un homme de science qui croit comme un individu schizophrène : « Quand on est physicien, il faut se dédoubler pour pouvoir continuer à croire en un dieu. » [14]

Une autre façon de voir, plus saine, est possible. J'adhère pleinement au plaidoyer de Ronald Meester [15] – lui-même scientifique – en faveur d'une conception de la science dans laquelle foi ou philosophie ont leur place : « Religion et science visent toutes deux à accroître la compréhension du monde qui nous entoure, mais elles abordent les problèmes de façon différente. Un scientifique dira que le lever du soleil résulte du fait que la terre tourne autour de son axe, phénomène qui s'explique à son tour par les lois newtoniennes de la gravitation. Cela constitue à ses yeux une réponse satisfaisante, tout au moins du point de vue de la science. Dans une perspective religieuse, de tout autres facteurs entrent en jeu : l'homme entretient une relation avec ce que, éventuellement, il appelle Dieu ; il peut aussi, par exemple, être reconnaissant de voir le soleil se lever, ce en quoi la science n'est pas

---

14. Déclaration de Simon van der Meer, colauréat du prix Nobel de physique en 1984, citée dans le livre de Arie VAN DEN BEUKEL, *Waarom ik blijf* [*Pourquoi je reste*], Baarn, Ten Have, 2003, p. 147.

15. Ronald Meester, professeur de mathématiques à l'université libre d'Amsterdam.

concernée. La science explique les choses, la religion les interprète [16].

Que le soleil se lèvera demain est une hypothèse [...] [17]

Scientifique et croyant sont tous deux des hommes, avant tout. Ils montent dans le même train le matin, ne vivent pas dans des mondes séparés. Et tous deux posent à une même réalité la question du pourquoi. Seul diffère l'angle selon lequel ils le font. L'homme de science ne s'enquerra pas de la raison pour laquelle le soleil se lève ; il la connaît. Ce qui n'empêche pas qu'il puisse s'étonner d'avoir vu le phénomène se reproduire aujourd'hui, et qu'il ne saurait prédire avec une certitude mathématique qu'il en sera de même demain. Cela, il l'ignore. Et tous deux se demandent aussi de temps à autre pourquoi ils vivent comme ils vivent. Ils ne le savent ni l'un ni l'autre. Le « croire » et la science peuvent donc parfaitement se concilier. Dieu merci.

Je m'explique : Dieu ne fait pas concurrence à la science, il en fait partie intégrante. Si Dieu « va avec » [18], c'est au sein de cette réalité ou dans cette maison que partagent l'homme de science et le croyant.

Mais ce n'est pas pour rien qu'ils y ont chacun leur chambre. Et qu'il existe un règlement intérieur. Si l'un ne respecte pas le territoire de l'autre, les choses se gâtent. Le palier est, pour ainsi dire, l'espace des malentendus.

Je vais le montrer en m'appuyant sur ce qu'on identifie sous le nom de « Dieu des trous » ou de « Dieu bouche-trou » [19] : le

---

16. Ronald MEESTER, *Het pseudoniem van God* [*Le pseudonyme de Dieu*], Baarn, Ten Have, 2003, p. 16.

17. Ludwig WITTGENSTEIN, *Tractatus logicus-philosophicus*, Proposition 6.36.311, Paris, Gallimard (Tel), 1993, p. 108.

18. Voir plus haut, pp. 51 et suivantes. [N.d.T.]

19. Le mot allemand, *Lückenbüsser* ([Dieu] « bouche-trou ») a été introduit par le théologien allemand Dietrich Bonhoeffer (1906-1945). Voir dans

fin mot de tout ce que nous ne comprenons pas, c'est Dieu. Jadis, dans les temps préscientifiques, on ne s'en sortait pas sans lui. Au fur et à mesure des progrès de la science (engrais chimiques, médicaments, satellites d'observation météorologiques...), de plus en plus d'explications furent trouvées, ce qui rendit Dieu superflu. Le trou ne cesse de se réduire, et à chaque nouvelle découverte, Dieu cède un peu de terrain et se retranche derrière la ligne de défense suivante.

Comme je l'ai déjà fait remarquer auparavant, le malentendu sous-jacent tient à ce que Dieu, dans un lointain passé, a été affublé de pouvoirs appartenant aux dieux des peuples voisins, et s'est vu par là assigner des responsabilités dans des domaines où il n'avait rien à faire, et qui, après qu'il fut déclaré tout-puissant, se sont même étendus à l'infini.

On pourrait dire – mais cela n'est pas lui rendre justice – qu'on récupère aujourd'hui peu à peu ce que Dieu avait accaparé par le passé de façon indue. Et pourtant, la situation est ressentie comme suit : de nombreux croyants s'imaginent que la science élimine lentement mais sûrement Dieu de leur propre vie – ce faisant, ils ne se rendent pas justice à eux-mêmes. De leur côté, les scientifiques pensent – ne rendant pas, par là, justice à la science – s'être appropriés ce qui appartenait jadis à Dieu. Les athées en remettent volontiers une louche en dépeignant les fidèles comme des gens croyant « encore » en Dieu. Ils tiennent compagnie à des scientifiques convaincus que le colmatage du dernier trou et le congédiement définitif de Dieu ne sont plus qu'une question de temps [20].

Aussi, croyant et homme de science ne tombent-ils jamais d'accord. Ils n'y parviendront que si l'image de Dieu est, dans l'esprit du premier, débarrassée des oripeaux de la toute-puissance. Ce

---

Résistance et soumission. Lettres et notes de captivité, Genève, Labor et Fides, 2006, p. 368 (Lettre du 29 mai 1944 à Eberhard Bethge). [N.d.T.]

20. Ainsi, par exemple, Paul Davies, physicien australien in : *God and the New Physics* [*Dieu et la nouvelle physique*] : « A mon avis, la physique conduit plus sûrement à Dieu que la religion. »

dont il se sera défait n'est qu'un poids mort, étranger à lui-même et à son Dieu. Et ce que le scientifique s'approprie ne relevait pas auparavant du domaine réservé de Dieu, mais de l'inexplicable, avec lequel Dieu se trouve abusivement associé. Alors seulement, des échanges fructueux, instructifs et peut-être même agréables pourront avoir lieu sur le palier.

Création et évolution : pommes divines et poires scientifiques

« Tu veux une pomme ? » demanda la petite fille.
« Non », dit le petit garçon, je préfère une poire.

Si Adam en avait dit autant, nous nous trouverions aujourd'hui dans une tout autre situation[21].

Alors qu'en 1633, Galilée avait été contraint à renoncer à sa théorie, personne ne se laissait plus réduire au silence par l'Eglise lorsque Darwin publia son *De l'origine des espèces* (1859). Il avait découvert que des mutations arbitraires et non orientées constituent, en association avec la sélection naturelle, le ressort de l'évolution : le résultat de celle-ci est imprévisible, et dépend pour partie au moins du hasard. Et sous le hasard il ne peut, évidemment, y avoir d'intervention divine.

Le schéma explicatif de l'Eglise reposait jusqu'alors sur le livre de la Genèse dans lequel l'existence de l'homme et de l'animal est l'effet de la volonté et du dessein de Dieu. Ce qu'il fallait penser du hasard se trouve défini, entre autres, dans le *Catéchisme de Heidelberg* (10e dimanche). « [...] toutes choses

21. Simon Carmiggelt.

ne nous viennent pas par le hasard, mais de [l]a main paternelle [de Dieu]. »[22] L'antithèse entre création et évolution était née – et se voyait promise à une longue existence.

Le tapage auquel elle donne lieu repose sur un faux dilemme. Il s'agit en fait d'une opposition en trompe-l'œil : le récit biblique de la création n'est pas une théorie de la formation du monde, et la théorie de l'évolution n'est pas un récit de la création. Je ne suis pas très souvent d'accord avec Karl Barth, mais, sur ce point, je redis après lui bien volontiers que « le récit biblique de la création est tout aussi peu comparable à une théorie scientifique qu'un aspirateur à un orgue »[23]. Ce n'est qu'en prenant à la lettre le « au commencement Dieu créa le ciel et la terre » qu'on oppose une théorie à une théorie et qu'apparaît l'antithèse (ou/ou).

Mais le premier verset de la Genèse est une profession de foi indissociable de son époque, que ne peut « dépasser » aucune conception ultérieure. C'est dire que le problème ne tient pas tant aux prétentions bibliques qu'à celles développées plus tard par la théologie de la création, qui faisait de Dieu la source et le maître de toutes choses.

D'un point de vue biblique, la théorie de l'évolution constitue une réponse à une question qui n'était pas posée.

Je n'ai jamais compris exactement pour quelle raison l'Eglise s'est insurgée aussi fortement là contre. Je suppose qu'il était déjà dans l'usage de rejeter quelque chose de nouveau rien qu'en raison de sa nouveauté. Mais cette théorie représentait à proprement parler une aubaine. Pour peu que l'Eglise eût, à l'époque de Darwin, reconnu que les auteurs de la Bible n'avaient rien avancé de plus que le *si/alors*[24], une correction minime aurait

---

22. « Catéchisme de Heidelberg, 10e dimanche, question 27 », in : *Confessions et catéchismes de la foi réformée*, Genève, 2005², Labor et Fides, p. 143.

23. Karl Barth, *Gesamtausgabe* V, *Briefe, Brief n°181, an Christine Barth, 18.2.1965*, Zürich, Theologischer Verlag, 1975, p. 292. [N.d.T.]

24. Voir plus haut, pp. 61-62. [N.d.T.]

suffi : si Dieu avait déjà décidé de notre existence, l'évolution pouvait alors être partie intégrante de ce décret du créateur. Cela aurait aussi permis d'éclairer d'un jour nouveau la question des causes de la présence d'autant de mal dans un monde créé par un Dieu bon. Je ne puis sur ce point qu'imaginer ce qu'auraient pensé d'autres que moi, mais je flaire déjà la possible échappatoire[25]. Je ne vais pas, évidemment, m'engager sur cette voie, puisque Dieu n'existant pas, le problème est, dans sa totalité, sans objet. En tout état de cause, l'Eglise a laissé passer l'occasion, et ce probablement du fait que le catéchisme de la création, ne laissant aucune place au hasard, était d'ores et déjà scellé dans le bâti de la construction dogmatique. C'est donc *soit* Genèse 1, *soit* la théorie de l'évolution qui dit vrai ; il faut se soumettre ou se démettre. Et l'on s'est démis. Ce n'est qu'en 1996 que Jean-Paul II a admis qu'il y avait un fond de vérité dans la théorie évolutionniste. Mais, a-t-il déclaré, l'évolution ne concerne que le corps de l'homme. Or nous avons aussi une âme, et celle-ci a été implantée en nous directement par Dieu. Il aurait tout aussi bien pu se taire.

La plupart des croyants ne se soucient plus de la question. Pour autant qu'elle ait encore lieu, la polémique n'est plus qu'un combat d'arrière-garde entre les deux seules factions subsistantes. D'une part les « orthoathées »[26], lesquels proclament à haute voix qu'ils ne croient pas en l'existence d'un Dieu dont une immense majorité de croyants s'est séparée depuis longtemps. Et qui, en attendant, ne font qu'inciter davantage encore à se demander pourquoi Darwin n'est pas lui-même devenu athée[27]. D'autre part, ceux qu'on appelle les « créationnistes »,

25. Je fais allusion à la porte de sortie qui consiste, au nom de Dieu, à reporter sur l'évolution la responsabilité du mal.

26. Néologisme créé par l'auteur et qui renvoie à des athées « orthodoxes » – fondamentalistes en quelque sorte. [N.d.T.]

27. Darwin ne s'est pas prononcé sur le premier stade de l'évolution. « Il est complètement absurde de s'interroger aujourd'hui sur l'origine de la vie », écrivait-il à l'un de ses amis. (« Lettre à J. D. Hooker du 29 mars

qui n'arrêtent pas de récriminer en soutenant que la théorie de l'évolution n'a jamais été démontrée. Prenant à la lettre tout ce que dit la Bible, ils s'obstinent dans l'idée que Dieu a créé le monde en six jours.

Pour le plus grand nombre des fidèles de notre temps, croire se rapporte beaucoup plus au vécu qu'à la recherche d'une réponse à la question des origines de la vie. La discussion sur la théorie de l'évolution appartient pour eux au passé. Ceci n'empêche cependant pas les scientifiques et les théologiens de maintenir le sujet à l'ordre du jour : ils continuent à débattre sur la façon dont tout a commencé. Depuis peu, un point supplémentaire – le *dessein intelligent* – est venu s'ajouter à cet ordre du jour.

Le *dessein intelligent*

> *L'apparition d'une bactérie par l'effet du hasard n'est pas plus probable que l'assemblage spontané d'un Boeing 707 par une tornade soufflant sur un entrepôt de chiffonnier-ferrailleur, à partir des matériaux qui s'y trouvent*[28].

En 2005, Maria van den Hoeven, à l'époque ministre néerlandaise de l'Education, annonçait qu'elle était favorable à l'introduction, à côté de la théorie de l'évolution, de celle du *dessein intelligent* (D.I.) dans le programme de l'enseignement secondaire. Elle rallumait ainsi un feu ancestral : la soi-disant preuve *from design*[29] avait déjà été formulée (sans succès d'ailleurs) au Moyen Age.

1863 », in : F. BURKHARDT et S. SMITH [éd.], *The Correspondence of Charles Darwin 1863* [1999], vol. 11, p. 278.) [N.d.T.]

28. Fred HOYLE, astronome anglais (1915-2001), *Nature*, vol. 294, 12 novembre 1981, p. 105.

29. En anglais dans le texte : preuve par le *dessein*.

Aux Etats-Unis, c'est depuis quelque temps une *hot issue*[30], mais dans un pays dont plus de la moitié de la population prend la Bible au pied de la lettre, cela n'a rien d'étonnant. Aux Pays-Bas, le sujet a beaucoup capté l'attention après la parution du livre *Schitterend ongeluk of sporen van ontwerp ?*[31] L'exaltation, dans notre pays sécularisé, est venue d'un autre côté : de nombreux fidèles ont délaissé Dieu et l'Eglise, remportant avec eux les questions existentielles de notre origine et du pourquoi de notre présence au monde. Quoi de plus opportun pour eux qu'une explication faisant l'économie de Dieu ?

Le *dessein intelligent* se situe quelque part entre les deux termes de l'opposition classique, créationnisme – Dieu a créé le monde il y a six mille ans – et évolutionnisme – après le supposé big bang, la vie est apparue plus ou moins par hasard et s'est développée par le truchement de la sélection naturelle – ou cherche à échapper à cette opposition. Sans désavouer la théorie évolutionniste, il y ajoute que la vie est un phénomène d'une complexité telle que le hasard doit en être exclu. Une force directrice, un mégacerveau, une hyperintelligence, est nécessairement à l'œuvre en sous-main, en tant que concepteur.

Voilà qui est, ou paraît, séduisant. Qui le nierait, par exemple, en présence du spectacle de la nature : c'est si beau, si impressionnant; quelque chose d'aussi radieux n'est quand même pas apparu par hasard ? C'est ce que j'appelle l'émerveillement. Et s'il y a « merveille » dans émerveillement, c'est parce que l'homme, au moyen de ce mot, traduit, sans se référer à ce ou celui qui a créé la merveille, quelque chose qui l'émeut à un degré tel qu'une réponse s'avère inappropriée. Face à quelque chose qui nous laisse sans voix, la seule réaction possible est le silence, aucune question ne se pose.

---

30. En anglais dans le texte : une question controversée.

31. Cees DEKKER, Ronald MEESTER et René VAN WOUDENBERG, *Schitterend ongeluk of sporen van ontwerp ?* [*Eblouissant accident ou traces d'un dessein ?*], Baarn, Ten Have, 2005.

L'histoire offre en abondance des variantes de telle ou telle « théologie de la nature » : autant de tentatives pour prendre l'émerveillement dans les rets d'une théorie explicative. Ce sont d'ailleurs pratiquement toutes des variantes de ce qu'on appelle « la théologie de parc floral » [32] : on veut voir les petites fleurs et les papillons, mais pas le chaos ou la cruauté.

Cette même suspicion pèse par avance sur la théorie du *dessein intelligent* : avec elle, on est à deux doigts de la philosophie de conversation d'apéro ouest-européen. Dans les pays qui, par exemple, sont victimes d'inondations – non fortuites, mais intelligentes à l'en croire – elle doit compter bien peu d'adeptes. Là, la préférence va sans doute au *stupid design* [33].

Ce n'est pas – ceci dit avec un peu moins de sérieux – la seule raison pour laquelle le nom de *dessein intelligent* ne témoigne pas d'un choix judicieux. La chose n'est ni nouvelle ni originale. Thomas d'Aquin la mentionnait déjà au XIIIe siècle comme l'une de ses cinq preuves de Dieu : il doit y avoir, dans les coulisses de ce monde, un concepteur. Sur ce point, l'évolution s'est donc arrêtée depuis déjà quelques siècles, et cela me paraît être, pour ce qui concerne la partie « intelligence » en tout cas, un contre-argument.

Dans cette même perspective, je cherche à savoir à quelle question le *dessein intelligent* apporte à proprement parler une réponse. Les scientifiques s'efforcent – et c'est logique – de diminuer le hasard qui est à l'origine de notre existence, et si possible de l'écarter. Personne n'y est parvenu jusqu'à aujourd'hui. Nous n'avons toujours pas dépassé l'idée que nous sommes plus ou moins le produit du hasard et que nous aurions tout aussi bien pu ne pas être.

---

32. Nous traduisons ainsi l'expression néerlandaise *Keukenhoftheologie* qui fait explicitement référence au plus célèbre parc floral des Pays-Bas, le Keukenhof, devenu du reste une véritable attraction touristique. [N.d.T.]

33. En anglais dans le texte : « dessein bête » par opposition au dessein intelligent. [N.d.T.]

Le *dessein intelligent* n'a donc aucun fondement scientifique. D'autre part, personne n'a, à ma connaissance, jamais réussi à expliquer de façon satisfaisante ce qu'un homme ordinaire doit comprendre lorsqu'on lui parle de « dessein sans concepteur ». Ajoutez encore à cela le fait que les adeptes du *dessein intelligent* sont, pour la plupart, des chrétiens pratiquants [34], et vous avez suffisamment de raisons de considérer cette théorie comme une « confession de foi ratée », dans laquelle Dieu n'est pas nommé mais sous-entendu. Autrement dit, réintroduit par la petite porte dans une théorie, où sous le couvert du dessein anonyme, il avait été récusé.

Cees Dekker [35], coauteur de *Schitterend ongeluk of sporen van ontwerp ?* [36], n'en fait pas un secret : pour lui, Dieu est le créateur de la vie, et l'évolution nous montre comment il a conçu le processus. Il faut voir là non une conclusion scientifique, mais l'expression d'une conviction religieuse.

Dekker confirme ce que je perçois chez la grande majorité des adeptes du *dessein intelligent* : d'un point de vue scientifique, le recours à un Dieu créateur ne leur permet pas de s'en sortir, mais il leur est très difficile de se détacher des anciennes vérités religieuses. En d'autres termes, il faut avoir été abreuvé du Dieu Créateur dès le sein de sa mère, pour pouvoir par la suite, après sevrage, se rabattre de la sorte sur un pseudo-dieu. Voilà qui sent le résidu de foi chrétienne, le *dessein christelligent*.

Un croyant n'est ni plus ni moins avancé avec la théorie du *dessein intelligent* qu'avec le récit « ordinaire » de la création. Aux yeux de celui qui prenait ce dernier à la lettre, Dieu est, bien entendu, l'auteur du dessein. Celui qui doutait n'a, quant à lui, rien gagné, si ce n'est peut-être des doutes supplémentaires.

---

34. Ronald MEESTER, *De man die God kende* [*L'homme qui connaissait Dieu*], Kampen, Ten Have, 2007, p. 150.

35. Cees Dekker, professeur de biophysique moléculaire à l'université de Delft.

36. Voir note 31, p. 95. [N.d.T.]

Le problème du bien et du mal devient encore plus épineux qu'il ne l'était déjà. Pour autant que Dieu était tenu pour responsable du mal survenant dans notre monde, il y avait au moins quelqu'un contre qui pester, ou à qui adresser des prières. Le coupable ne s'appelle désormais plus « Dieu » mais « dessein ». Et il est tellement intelligent qu'il ne prend pas sur lui la responsabilité du bien et du mal.

Venons-en, pour finir, à ceux qui sont parfaitement à même de croire en Dieu sans avoir besoin de ce dernier comme cause explicative des origines. Ils peuvent se passer d'une conception intelligente sans concepteur, et vivre tout à fait à l'aise dans une création sans créateur. Et ils ne s'en laisseront pas conter par des tentatives visant à réintroduire Dieu par la petite porte. Puisque ce Dieu susceptible de réapparaître n'existe pas.

Récapitulons un peu. Les athées ont raison : Dieu n'existe pas. L'idée d'un Dieu existant n'est, à la base, pas biblique, mais païenne. La théologie de l'Eglise primitive ne pouvait probablement pas parler franchement à ce propos, car elle était au service d'une institution ayant en vue d'autres intérêts que la probité théologique. Par ses nombreuses démonstrations de force et la hauteur de ses clochers, le paganisme a réussi à s'installer en Europe sous le nom de « christianisme ». La puissance de l'institution ecclésiastique et la toute-puissance de Dieu ont, jusqu'à la fin du Moyen Age, été unies par des liens intangibles. Les contester de façon ouverte vous conduisait aussitôt sur le bûcher, les remettre en cause tout bas vous promettait aux flammes éternelles.

Un changement a commencé à se faire sentir à partir du XVIe siècle : le développement des connaissances scientifiques a libéré la parole. L'autorité de l'Eglise s'est affaiblie et cette évolution se poursuit encore de nos jours, bien qu'elle touche à sa fin : d'ici peu, l'Eglise ne comptera plus en son sein que des gens qui, en dépit de la modernité, entendent vivre avec des idées moyenâgeuses. Les autres ont déserté et, pour autant qu'ils ne soient pas encore dégoûtés, cherchent ailleurs leur salut spirituel.

Malgré la présence de signes prometteurs [37], il ne me semble pas réaliste de compter sur une reconnaissance officielle de la non-existence de Dieu avant la fin des temps par l'Eglise. Celle-ci fait durer ainsi le malentendu consistant à affirmer que pour croire en Dieu, il faudrait croire en son existence. Dans le chapitre suivant, je montrerai que cela n'est nullement nécessaire.

37. Selon une enquête de l'IKON (*Interkerkelijke Radio Omroep Nederland*) [service radiophonique interconfessionnel néerlandais] datant de 2006, un pasteur sur six n'est pas – ou n'est plus – convaincu de l'existence de Dieu.

II.

CROIRE APRÈS LA VIRGULE

Pour un athée, une fois posée la conclusion que Dieu n'existe pas, l'affaire est entendue : il n'existe pas, point final. Pour un croyant, les choses ne font que commencer : Dieu n'existe pas, virgule. Et après ? Y a-t-il encore quelque chose à croire après la virgule ? Peut-on croire en un Dieu qui n'existe pas ?

Je pars, dans ce chapitre, de la non-existence de Dieu et j'affirme que, pour ma part en tout cas, elle n'empêche aucunement de croire en Dieu, mais constitue la condition préalable pour le faire. En disant cela, je sens déjà dans mon dos les chauds soupirs de théologiens et de pasteurs qui estiment que je mets le monde sens dessus dessous. Et les soupirs d'athées, comme Herman Philipse par exemple : « Un croyant (au sens religieux du terme) cesse d'être croyant dès qu'il n'admet plus la thèse de l'existence de Dieu. »[1] Je dirai plutôt, en renversant cette assertion, que l'on devient croyant lorsqu'on admet la thèse de la non-existence de Dieu en la faisant suivre d'une virgule.

Avant de déterminer s'il est possible de croire en un Dieu qui n'existe pas, il faut d'abord expliciter ce qu'on entend par « croire ». Pour moi, ce mot renvoie beaucoup plus à la vie qu'à Dieu ou à la religion. La conduite de vie d'un croyant est

1. Herman PHILIPSE, *Atheïstisch manifest* [*Manifeste athée*], *op. cit.*, p. 24.

caractérisée par la façon dont il se comporte par rapport à ce qui lui arrive et à ce qui se passe autour de lui. Je parlerai à ce propos de capacité à transformer un événement en expérience.

J'introduis la notion de « dépendance mature » pour traduire le fait que ces expériences peuvent nous amener à prendre conscience que nous sommes dépendants de situations sur lesquelles nous n'avons aucun pouvoir et que ce qui a véritablement de la valeur dans notre vie ne peut, en définitive, que nous être donné. Ces expériences nous font également prendre conscience qu'à cet égard, les autres se trouvent logés à la même enseigne que nous. Dès lors, au moment où s'ébauche le rapport ou la relation avec autrui, s'établit un lien « religieux », et l'on peut dire que l'on « croit », c'est-à-dire, au sens littéral ou originel du mot, qu'on « fait confiance ». C'est sur la base d'expériences acquises qu'on accorde sa confiance à quelqu'un. Il faut d'abord que tout cela ait été dit pour qu'il puisse être question de Dieu, comme l'un des noms possibles pour désigner ces expériences.

M'appuyant sur la Bible, je représente Dieu comme « ce qui accompagne les hommes en chemin ». Tout ce qu'on peut affirmer, tant il y a là de mouvement, c'est que Dieu se produit, et non qu'il existe. Mais sans la présence des hommes, il ne se passe rien : pas de Dieu sans les hommes.

Pour conclure, je montrerai que Dieu n'est pas, en quoi que ce soit, une réponse. Croire le contraire, c'est installer Dieu en dehors de notre propre existence, en comptant que son aide permettra de répondre aux questions que la vie laisse ouvertes. Cela, même Dieu ne le peut pas.

La croyance et le « croire »

Peut-on croire en un Dieu qui n'existe pas ? D'après le dictionnaire Van Dale, c'est impossible. Le verbe « croire » y est défini comme suit : « Avoir une confiance inébranlable en Dieu et en sa parole, être convaincu de l'existence de Dieu et de la vérité de la révélation divine. »[2] Dans cette formulation, la confiance se fait tellement massive qu'on ne risque guère de la constater chez les gens normaux. Quant à la « vérité de la révélation divine », elle n'est qu'une abstraction anémiée, qu'on peut tout au plus tenir pour vraie à condition de mettre entre parenthèses sa propre raison. C'est ce que j'appelle une « croyance ».

Je fais une distinction entre la croyance et le « croire ». On peut *avoir une croyance. Croire est une manière d'être* : on *est* croyant ou on *vit* en croyant. Celui qui approuve la doctrine chrétienne et va à l'église ou au temple le dimanche n'est donc pas encore pour autant un croyant. Se trouver dans un garage ne fait pas de vous une voiture, disait en substance Albert Schweitzer. Non, tenir pour vrai, sur la foi d'autrui, ce qu'on ne

2. Nous avons choisi ici de ne pas « adapter » le texte à la situation du lecteur de langue française, et donc de ne pas faire appel aux définitions du verbe « croire » telles qu'on les trouve par exemple dans le Larousse ou le Robert. Nous traduisons littéralement le propos de l'auteur, et avec lui, la définition du dictionnaire Van Dale auquel il se réfère. Une telle définition serait inconcevable dans un dictionnaire de langue française, et ce d'autant plus qu'elle figure, dans le dictionnaire néerlandais, en tête d'article, comme si elle correspondait au sens « premier » du mot, et de ce qui vient en quelque sorte immédiatement à la conscience du locuteur lorsqu'il entend ou lit ce mot. L'argumentation de K. Hendrikse étant étroitement liée à cette référence lexicologique, il nous a paru indispensable de procéder de la sorte, même si, traduit en français, cet article d'un dictionnaire néerlandais devient évidemment une sorte « d'objet fictif », dont on peut penser qu'il aurait, dans notre langue, davantage sa place dans un catéchisme.

La comparaison avec un dictionnaire de langue française est cependant fort instructive : ainsi la définition du sens proprement « religieux » du verbe « croire » n'est-elle donnée dans le Robert en six volumes – équivalent du dictionnaire néerlandais cité – qu'en fin d'article, et elle s'avère aussi beaucoup plus concise que celle du dictionnaire néerlandais : « Etre persuadé de l'existence et de la valeur de (un être religieux, un dogme). – Avec *à*) *Croire au Messie.* a Loc. *Ne croire ni à Dieu, ni au Diable.* » On mesure à quel point à travers cet exemple, le sens des mots dans une langue donnée et la hiérarchie instituée entre les significations sont surdéterminés par l'Histoire, les mentalités, les idéologies. [N.d.T.]

comprend pas soi-même n'est pas croire, mais déléguer sa responsabilité : les autres croient pour vous. Et nous ne faisons donc jamais, de cette façon, que reprendre et approuver une opinion qui ne touche en rien notre propre vie.

La croyance commence avec Dieu, et l'homme doit, sa vie durant, tâcher de trouver un modus vivendi avec ce Dieu. Le « croire » commence d'une autre façon : avec les hommes, dans la vie de tous les jours, en ayant les deux pieds sur terre. La réponse à des questions telles que « Comment crois-tu ? » ou « Que crois-tu ? » ne se trouve pas dans les idées que nous approuvons, mais dans notre manière de vivre, notre attitude par rapport aux événements, dans nos actes, et la conviction qui les anime. Et nous agissons d'abord en tant qu'hommes, avec tout ce dont nous sommes faits : chair, sentiments et intelligence.

Croire, c'est ouvrir l'oreille à l'appel du quotidien[3].

Je définis intentionnellement le mot « croire » de la façon la plus banale possible, pour me tenir – momentanément – à l'écart de Dieu, de la religion et de l'Eglise. Croire n'a *pas* d'emblée à voir avec la religion. Souvent, ce mot définit le contenu de la foi et suggère l'idée d'un domaine à part, qui n'est accessible qu'à ceux qui disposent du mot « Dieu ». En outre, il n'est pas sans induire des associations qui véhiculent l'idée d'un Dieu qui entend se faire servir. Il s'agit là, comme je l'ai montré dans le chapitre précédent, d'une image païenne.

On ne peut réduire l'acte de « croire » à des catégories telles que « le religieux », « le cultuel » ou « l'ecclésial ». Si cet acte n'est pas présent dans notre vie de tous les jours, où intervient-il alors ? Et comment serait-il apparu ? Le dimanche matin à dix heures ?

---

3. Martin Buber.

En fait, d'une façon ordinaire, très banale. Si l'acte de croire est lié à notre vie – et il ne peut en être autrement –, il coïncide avec ce qui nous arrive, avec les rencontres que nous faisons, la joie et la peine, la peur et la confiance, nos émotions et nos idées. A l'origine, il n'existait même pas de mot pour dire « croire »; croire et vivre ne faisaient qu'un. Et cela, ici-bas, dans notre vie terrestre ordinaire, dans la perception du monde que nos pieds foulent, dans notre relation avec celui-ci, et non dans un monde situé en dehors ou au-dessus des hommes.

Cet autre monde n'existe pas non plus. L'idée d'une « autre réalité » remonte aux temps où l'on pensait que la terre était un disque plat, séparant un monde du dessous où séjournaient les morts, et un monde du dessus, séjour des dieux. Nous devons à cette imagerie du monde les notions d'« enfers » et de « Dieu suprême ».

La doctrine chrétienne elle-même repose – encore aujourd'hui – sur ce décor antique[4]. Entre-temps, nous avons perdu nos illusions : il n'y a qu'une réalité, et derrière ou au-dessus d'elle, pas le moindre soupçon d'une réalité différente ou supérieure. Pour autant que ce qu'on appelle « mystère » et « Dieu » relève d'une réalité, c'est de la nôtre. Et c'est en fonction du rapport qu'il entretient avec cette seule réalité que l'on peut dire que quelqu'un est croyant ou non.

Son attitude face à l'ordinaire peut rendre cet ordinaire extraordinaire ou religieux. Autrement dit : croire est affaire de qualité du regard – les croyants voient les mêmes choses que les autres, mais ces choses ne sont pas perçues de la même façon, sont éprouvées différemment. Les désignent-ils aussi d'une autre manière? C'est bien possible, mais il n'y a à cela aucune nécessité.

4. Dieu envoie Jésus du ciel sur la terre; ce dernier descend aux enfers et remonte au ciel.

Le mot « Dieu » n'est pas ce qui importe

Ce que nous appelons une rose embaumerait autant sous un autre nom[5].

« Je suis reconnaissant à Dieu », dit l'un. « Je suis un homme reconnaissant », dit l'autre. Est-ce simplement la formulation qui diffère ici ? Qui le dira ? Des expériences que certaines personnes appellent religieuses n'ont pas ce caractère pour d'autres, qui parlent alors, par exemple, d'expériences heureuses. Entre un croyant et un incroyant, la différence, telle qu'on peut la percevoir, semble être affaire de mots.

Et il faut être très attentif à ces mots. Quand on dit que les non-croyants se consacrent aussi à leurs semblables, ou qu'ils peuvent aussi se sentir « portés », on désigne généralement par le terme « non-croyant » ceux qui ne vont pas à l'église. Mais, d'une personne qui se dévoue pour les autres, je n'affirmerais pas, de but en blanc, qu'elle n'est pas croyante. Croire est bien plus une façon d'être qu'une façon de parler.

Il arrive même qu'il soit question de Dieu sans que son nom ne soit prononcé. La survenue de catastrophes donne lieu ici ou là à l'organisation de marches silencieuses. Après quoi, la question du caractère religieux ou non de ces manifestations devient l'affaire des rubriques d'actualité et des journaux d'opinion. Le problème le plus important n'est la plupart du temps pas posé : pensez-vous que les participants à ce genre de marches se posent eux-mêmes cette question ? Non ; ils s'emploient en fait probablement à autre chose qu'à s'interroger sur la portée religieuse de ce qu'ils sont en train de faire. Croyants et incroyants se mélangent et se sentent unis. Qui nous dit que Dieu ne se promène pas lui aussi parmi eux ?

---

5. William SHAKESPEARE, *Roméo et Juliette*, Acte 2, scène 2 (traduction François-Victor HUGO), Paris, Garnier-Flammarion, 1979, p. 178 (volume comprenant aussi *Richard III* et *Hamlet*). [N.d.T.]

Dieu n'est jamais qu'un mot. Et l'on n'en a pas besoin pour croire, on peut s'en passer. Sur ce point, nous nous retrouvons même, dans la Bible, en bonne compagnie : le mot Dieu ne figure pratiquement pas dans le livre de Ruth et dans le Cantique des Cantiques ; il est totalement absent du livre d'Esther. Illustration de la capacité qu'a Dieu de se produire, pour ainsi dire, dans le blanc des pages. A l'instar de ce qui se passe dans les conversations qui ne brassent pas du vent : il faut s'être tu un instant, avoir regardé et avoir vu pour que les choses les plus riches de sens soient dites. Je présume que c'est précisément la raison pour laquelle ces livres ont été intégrés à la Bible : enfin un peu de silence, maintenant, il peut être question de Dieu. Car ce n'est pas ce mot qui importe, mais l'expérience qu'il recouvre.

De l'événement à l'expérience

Souvent, il faut que quelque chose se passe avant qu'il ne se passe quelque chose[1].

Il faut qu'il se passe quelque chose pour transformer en expérience un événement. Il nous arrive chaque jour toutes sortes de choses : notre partenaire n'est pas aussi communicatif qu'à l'ordinaire durant le petit-déjeuner, nous avons failli nous faire renverser à bicyclette, quelqu'un nous a fait un compliment inattendu, nous avons regardé un film – rien là que des événements. Notre action n'est pas requise, cela se fait tout seul. Mais tout ce que nous entreprenons (parler le même jour à vingt personnes), ou ce à quoi nous nous prêtons (à une véritable « rencontre » avec l'une de ces vingt personnes), n'a rien d'automatique. Il nous faut y être impliqués nous-mêmes ou accepter d'y être impliqués.

Un exemple familier : écouter une prédication est un événement. Si celle-ci produit en nous un effet, et que nous en faisons quelque chose, elle s'est transformée en expérience.

C'est dans la mesure où nous parvenons à transformer un événement en une expérience que nous pouvons nous considérer

1. Johan Cruijff (footballeur néerlandais).

nous-mêmes comme croyants. Il n'y a rien d'évident à cela. Sans ouverture d'esprit, c'est chose impossible. L'événement est à l'expérience ce que le repli sur soi est à l'ouverture aux autres, ce que le dedans est au dehors, ce que regarder est à voir. Si vivre est pour nous la même chose que regarder le journal télévisé, rien ne nous touchera jamais. Les enfants ont encore la capacité de pleurer et de poser des questions lorsqu'ils voient des images de populations massacrées ou mourant de faim. Chez les adultes, la porte entre extérieur et intérieur reste la plupart du temps close. Les enfants voient le journal télévisé, les adultes le regardent. Qu'un adulte ait la « force » d'endurer cela une demi-heure sans mouchoir en dit long.

On trouve, dans l'évangile de Marc, un récit relatif à la guérison d'un aveugle : Jésus « [...] lui cracha sur les yeux et lui imposa les mains, en lui demandant : "Vois-tu quelque chose ?" Il ouvrait les yeux et disait : "Je vois des gens, je les vois comme des arbres, mais ils marchent." »[2] Image frappante de notre façon banale, superficielle, de regarder : il regarde les hommes, mais ne les voit pas.

Nous savons tous qu'il peut aussi en être autrement. Sinon, nous serions dans l'ignorance de ce qu'est l'amour. Nul ne voit de l'extérieur ce qu'il y a de si particulier chez un être que nous aimons. Si ; nous seuls le voyons, car notre regard est autre. Plus exactement : nous regardons la même chose, mais nous la voyons différemment. Nous pouvons donc également percevoir tout être humain de cette façon : comme quelqu'un qui n'a pas seulement un dehors mais aussi un dedans. Et c'est là se trouver au plus près de la capacité d'impressionnabilité.

Qu'un événement puisse devenir une expérience n'est pas seulement affaire d'œil. Pourquoi croit-on ? Parce qu'on est touché par quelque chose. Des mots tels qu'« impressionnabilité » ou « émotivité » traduisent de façon plus frappante qu'il s'agit ici en fin de compte de quelque chose qui a trait au registre

2. Marc 8,23-24. (Nouvelle Bible Segond, Bibli'O, 2002.)

des sentiments, des émotions. Dans « impressionnabilité », on trouve aussi l'idée de « vulnérabilité ». Quand nous sommes touchés au plus profond de nous-mêmes, nous nous trouvons bien plus désarmés que lorsque notre seule intelligence est mobilisée.

C'est aussi dans ce registre que se manifeste la faculté d'émerveillement. Par émerveillement, j'entends l'aptitude à être ébahi par ce qui est ou ce qui semble aller de soi. Tout le monde sait que les enfants naissent, et d'un point de vue biologique il n'y a pas là de miracle. Or les parents vivent la chose d'une autre façon. Bien que, de son début à sa fin, la grossesse soit placée sous le signe de l'attente, la naissance est encore un moment d'émerveillement. Emerveillement à propos d'un fait ordinaire, par conséquent. Il n'est pas besoin de « merveilleux » pour s'émerveiller. Il n'est même pas nécessaire d'avoir autre chose que ce qui est. L'émerveillement est relatif à la façon dont nous appréhendons l'ordinaire, l'événement au quotidien.

C'est seulement après avoir été débarrassé de son évidence que ce qui peut être l'objet de notre reconnaissance devient occasion d'émerveillement. Si nous sommes incapables de nous émerveiller d'être nés et d'exister, il ne reste plus alors grand-chose à croire.

« Dépendance mature »

Tu ne peux pas te dire à toi-même la parole qui fait vivre[1].

Adopter une attitude de croyant devant la vie ne tombe pas du ciel. Il faut commencer par envoyer promener tout un tas de choses en matière de partis pris, de préoccupations, de suffisance de soi et ainsi de suite, pour accueillir ce que tout homme sait au plus profond de lui-même, mais qu'il préfère généralement ignorer : que notre vie n'est pas notre propre fabrication, que nous ne nous sommes pas faits nous-mêmes, pas plus que nous n'avons fait ce qui nous rend heureux. J'appelle « dépendance mature » l'attitude qui consiste à assumer ce savoir.

L'esprit du siècle nous représente l'homme comme un individu indépendant, autonome et personnellement responsable du tracé de l'itinéraire censé le mener à une vie réussie. Qu'il s'agisse aujourd'hui d'avoir du succès, de paraître plus jeune qu'on ne l'est, de sécurité, de bien-être, de bonheur ou d'admiration, notre société est sous l'effet ou sous l'empire d'une hypothèse collective selon laquelle notre vie ne dépend que de nous. Le modèle idéal est celui de l'homme libre, maître de sa propre existence.

---

1. Proverbe éthiopien.

Appelons cela « indépendance immature ». Ou tout simplement ineptie : nous pouvons décider nous-mêmes que nous partons en voyage demain, mais pas que nous reviendrons en vie de ce voyage. Nous sommes tous dépendants de situations incontrôlables. Nous ne maîtrisons qu'en partie notre vie, qui est avant tout vulnérable : il faut la prendre comme elle vient, et avec elle, les maux, les échecs et les déceptions. Le tragique est toujours à l'affût et il n'existe pas de Dieu pour nous préserver des contrariétés et du chagrin (ce Dieu relève de « l'indépendance immature »).

La dépendance mature reconnaît que ce qui est vraiment porteur de valeur n'est pas en notre pouvoir. Nous n'avons, bien souvent, même pas la possibilité de choisir, et il nous faut faire avec ce qui se présente. Le bonheur est une composante d'une vie réussie. Mais lui non plus ne dépend pas de nous. Etre croyant ne simplifie pas la vie, ne constitue pas une assurance-vie. On a beau croire, pour ainsi dire, tout ce qu'on veut, cela ne change rien aux situations dans lesquelles on se trouve. Croire, c'est plutôt prendre conscience que nous n'avons rien de plus à faire qu'à vivre la vie qui nous est donnée à vivre. Rien de moins non plus. C'est reconnaître que notre vie est incertaine, que notre agenda de ce jour sera demain un chiffon de papier, que quelque chose peut survenir à tout moment, dont personne ne dirige le cours. Si vous pensez avoir votre vie en mains, c'est que vous ne prenez ni la vie ni vous-même au sérieux, et que vous vous dérobez devant ce qui est vulnérable. Le banc de sable sur lequel vous marchez se rétrécit de plus en plus, ce qui, pour vous, devient automatiquement source d'angoisse : pourvu que ça ne se produise pas, pourvu que mon enfant ne fasse pas ça… Si votre relation de couple se brise, si votre enfant commence à se droguer, c'est très grave, certes, mais il est encore plus grave d'avoir toujours vécu en faisant l'hypothèse ou en étant persuadé que cela ne vous arriverait jamais.

C'est précisément cette quasi-certitude qui rend incertain. Etre sans cesse rappelé à l'idée qu'on est soi-même responsable des choix qu'on opère, qu'on peut soi-même choisir ou faire ce que l'on veut, c'est aussi s'exposer à entendre sans arrêt la petite voix : « Est-ce que j'agis bien ? » Et tant qu'on se considérera comme l'architecte de sa propre existence, cette voix ne se taira pas. Combien y a-t-il de ménages vivant sur deux salaires à n'être pas rongés par le sentiment qu'ils frustrent leurs enfants ?

La dépendance mature nous confronte au fait que le bonheur, la joie et tout le reste, ne sont pas ou pratiquement pas le résultat de nos propres efforts, mais qu'ils échappent à notre prise. Et que nous ne pouvons même pas y prétendre, si ce n'est de façon très limitée. Ceci étant dit non pour me faire le chantre de la passivité, mais pour souligner que vivre est autre chose que faire.

« Hé, ça fait longtemps que je ne t'ai vu, qu'est-ce que tu fais à présent ? » J'entends plus souvent cela que : « Comment ça va en ce moment ? » Comme si l'on était ce que l'on fait. Ne serait-ce que pour cette raison, il est salutaire de cesser de faire quoi que ce soit de temps en temps. Ou de s'interroger sur ce qu'on *ne* va *pas* se mettre à faire, et non sur ce qu'on va se mettre à faire. Cela peut aider à prendre conscience que ce qui « y fait » n'a pas tellement à voir avec « faire ».

Nous souhaitons tous être heureux. Nous déployons beaucoup d'énergie à cette fin, nous y aspirons de toutes nos forces. Mais considérons un peu ceux dont nous pensons ou dont nous savons qu'ils sont heureux. Font-ils vraiment tout ce qu'ils peuvent pour être heureux ou le devenir ? Ils s'efforcent sans doute de mener une vie qui ait du sens, et alors même qu'ils s'y emploient, le bonheur s'insinue dans leur existence.

Il n'est donc, au fond, nullement nécessaire de s'acharner à être heureux. Peut-être vaut-il mieux laisser faire que faire. Prenons comme point de comparaison le « désir d'aider autrui » – j'entends par là autre chose qu'aider à faire la vaisselle ou à accrocher un tableau. C'est lorsque l'on s'y efforce que cela réussit le moins. Quand quelqu'un se sent véritablement soutenu, encouragé, consolé ou soulagé, ce n'est en général pas notre intention consciente à son égard qui en est la cause, mais avant tout notre façon de nous tenir à ses côtés. Non avec nos capacités, mais avec ce que nous sommes, tel(le)s que nous sommes – ce à quoi nous ne pouvons pas grand-chose. C'est précisément en faisant des efforts que nous n'avons aucune prise. Et *si* nous réussissons, *si* nous touchons ou rencontrons cet(te) autre, c'est comme si cela nous était donné.

La « dépendance mature » commence donc par la prise de conscience que l'essentiel n'est pas ce que nous faisons, mais ce que la vie fait de nous. Autrement dit : tout homme s'inscrit à un moment de son existence dans la voie qui est vraiment la sienne, dans ce qui constitue sa destination ou sa vocation. Et le mot « vocation » le laisse entendre : nous ne fixons pas nous-mêmes l'itinéraire. « Vocation » renvoie étymologiquement à la notion d'appel, et donc à la voix [2] ce qui, déjà, fait s'entrouvrir pour nous la porte donnant sur le dehors – ou ouvre nos oreilles – et nous met en relation avec un domaine dans lequel nous n'avons plus à décider nous-mêmes, mais où quelque chose demande à nous être communiqué. Ainsi reconnaissons-nous d'ailleurs que la vie « a son mot à dire ».

Le langage biblique exprime cette idée par la formule « Dieu dit… » Non pour suggérer l'intervention des cordes vocales célestes, mais le fait qu'un homme est interpellé, ou – nous en restons à cet homme – qu'il se sent interpellé. Ce dont il est question, au travers de cette image, c'est d'une réalité à même de parler aux hommes, comme peut le faire un livre ou une fleur : ils ne disent rien mais peuvent avoir leur mot à nous dire.

---

2. L'auteur utilise en néerlandais le mot *bestemming* qui contient la racine *stem* (« voix »). Et il joue sur cette relation. Le mot « vocation » s'impose donc en français, puisqu'il fait également référence à la voix, par le détour de l'étymologie. *Bestemming* correspond cependant davantage, en général, à « destination » ou à « destinée » qu'à « vocation ». Nous avons donc choisi d'utiliser les deux mots français en parallèle pour rendre d'une part le sens habituel du mot néerlandais, et d'autre part le jeu de significations auquel ce dernier donne lieu. [N.d.T.]

A propos d'Abraham, il est écrit qu'il entendit une voix disant : « Pars [...] vers le pays que je te ferai voir. »[3] Je lis ceci comme l'expression de la prise de conscience d'un homme, qui, à travers les hauts et les bas, s'aperçoit qu'il ne détermine pas lui-même le voyage de la vie; comme une expérience vécue attribuée rétrospectivement au patriarche Abraham, figure mythologique qui est entrée dans l'histoire en tant que « père de tous les croyants ». Abraham fait figure de modèle pour tout homme qui en arrive à l'idée qu'il n'a pas vocation à déterminer de son propre chef la conduite de sa vie, mais à se laisser interpeller. Ou – dans la langue qui est celle du récit –, à accepter qu'on lui montre le chemin, à être ouvert pour accueillir ce qui ne peut que lui être donné.

Dans l'Ancien Testament, cette intuition ne désarme pas, même face au langage de la guerre. Le livre de Josué, qui rend compte de la conquête, menée sans ménagement, de la « terre promise », n'épargne ni les mots ni les répétitions pour le montrer : « Tout lieu que foulera la plante de vos pieds, je vous l'ai donné [...] »[4] Comme si cela n'était pas suffisamment dit : on ne fabrique pas soi-même une vie autre ou une vie meilleure; elle nous est donnée.

« Croire » commence peut-être de cette façon : par la prise de conscience que ce qui est vraiment important pour nous, nous est donné.

Il n'est pas bon que l'homme soit seul[5].

Un pas de plus, et nous nous rendons compte que nous ne sommes pas seuls dans cette situation, que les autres sont aussi dépendants de nous que nous le sommes d'eux.

---

3. Genèse 12,1. (Traduction Œcuménique de la Bible [TOB], Paris/Villiers-le-Bel, Cerf/SBF, 10e édition 2004.)

4. Josué 1,4 (entre autres passages). (Traduction Œcuménique de la Bible [TOB], Paris/Villiers-le-Bel, Cerf/SBF, 10e édition 2004.)

5. Genèse 2,18 (version Louis Segond, Nouvelle édition revue, avec parallèles, 1910).

Cela paraît si facile. Accepter tout bonnement que nous sommes qui nous sommes, des êtres ayant parfois raison, parfois tort; de simples hommes avec leur vulnérabilité, leur fragilité, et leurs désillusions sur eux-mêmes. Or, ce n'est pas facile du tout, car il nous faut alors renoncer à beaucoup de choses : à notre bon droit, notre fierté, notre prestige, que sais-je encore. Et nous nous retrouvons *là* où nous ne sommes rien que nous-mêmes. Plus nous nous rapprochons de cette part unique, plus nous devenons conscients qu'en leur tréfonds, les hommes se ressemblent plus qu'ils ne diffèrent. Disons les choses simplement : vous êtes tous aussi cloches, aussi adorables, aussi crétins que moi. Et ce n'est pas là une opinion, mais une conviction vécue. Il ne me viendrait pas à l'esprit de prétendre que c'est simple.

Et je ne suis pas le seul à le dire. « *Tu aimeras le Seigneur, ton Dieu, de tout ton cœur, de toute ton âme, et de toute ta pensée*. C'est là le grand, le premier commandement. Un second est aussi important : *Tu aimeras ton prochain comme toi-même* »[6], dit Jésus. Ce n'est pas pour rien que ces paroles sont désignées sous le nom de « grand commandement ». Jésus n'était pas le premier à tenir de tels propos, car on les trouve déjà dans l'Ancien Testament[7]. Mais aussi ailleurs : quelle que soit la représentation que les humains ont de lui, presque toutes les religions insistent sur le fait qu'on ne peut servir un Dieu sans être au service des hommes et que cela commence par ce qui est en apparence le plus facile, mais en fait le plus difficile : reconnaître qu'on est semblable à tous ces autres.

Pour un croyant, la conscience de la dépendance mutuelle ne restera pas sans conséquence, mais se traduira par un engagement personnel à contribuer selon ses moyens au bonheur et au bien-être d'autrui. Etre sensible à l'autre nous fait automatiquement sentir les ressorts qui nous poussent au bien. Ou nous met,

---

6. Matthieu 22,37-39. (Traduction Œcuménique de la Bible [TOB], Paris/Villiers-le-Bel, Cerf/SBF, 10e édition 2004.)

7. Voir Lévitique 19,18.

du moins, dans la bonne direction : si nous faisons le bien, ce n'est pas seulement parce que cela est bon à nos yeux. Et nous voilà alors à proprement parler déjà croyants ou, au sens littéral, religieux.

Le mot « religion » vient du latin *religio*[8]. Ce mot signifie « relation », et il nous indique que c'est à l'aune de notre relation avec ce qui nous entoure qu'on peut déterminer à quel point nous avons une attitude religieuse face à la vie.

Je n'en ai pas encore dit pour l'instant beaucoup plus sur « croire » que sur « vivre » : « croire » ne relève pas, en fin de compte, de la sphère individuelle, ne se dissocie pas des rapports humains temporels. Et si Dieu peut être conjecturé, ce ne peut être que *là* : quelque part dans l'engagement mutuel entre les hommes. Mais nous verrons cela plus loin.

8. Ce rapport étymologique entre « religion » et les termes latins *religio* et *religere* (« relier ») invoqué ici par l'auteur et fréquemment repris, est contesté, entre autres par le Grand Robert de la Langue Française. [N.d.T.]

Un sac à dos plein d'expériences

> *« [...] ne vous laissez pas guider par ce que vous avez entendu dire, ni par les traditions religieuses. Ne vous laissez pas guider par l'autorité des textes religieux,[...] ni par la pensée : "ce religieux est notre maître spirituel".*
> *» [...] Lorsque vous savez par vous-mêmes que certaines choses sont justes [...], qu'elles conduisent au bien et au bonheur, pénétrez-vous de telles choses et pratiquez-les ! »* [1]

Qu'est-ce qui fait qu'un tel est croyant, qu'un tel ne l'est pas, et que vous croyez comme vous le faites ? Cette question revient à se demander pourquoi nous vivons comme nous vivons, nous pensons comme nous pensons et nous faisons les choses comme nous les faisons. La réponse se trouve dans notre sac à dos, dans le stock d'expériences que nous emmagasinons notre vie durant. Quand nous étions enfants, les autres – parents, professeurs, amis, journaux, télévision, etc. – y ont mis toutes sortes de choses. C'est à travers ce que nous ont raconté ces autres que

---

1. BOUDDHA, « Anguttara-Nikaya, III-66 », in : Môhan WIJAYARATNA, *Sermons du Bouddha*, Paris, Seuil (Points Sagesse), 2006, pp. 66-67.

nous avons appris à vivre et à reconnaître ce qui était bon pour nous. Ce qu'on nous entendait dire à l'époque, nous le savions par ouï-dire.

Une fois adultes, nous avons fait le grand ménage de notre sac à dos. Y est resté ce que nous avions fait nôtre, ce qui s'accordait à nos propres expériences. Bien qu'en principe, nous ne tenions rien de nous-mêmes, et qu'il nous ait fallu beaucoup « recevoir », nous ne sommes pas en mesure de « croire », mais seulement capables d'« avoir des croyances », tant qu'il n'y a pas eu appropriation de notre part.

Ce que désormais on nous entend dire nous appartient. Nous nous sommes annexé, d'une façon qui nous est propre, ce que nous tenions des autres. Délaissant ce qui ne nous convenait pas, nous avons fait nôtre ce qui était bon pour nous. Allons au plus court (j'ignore allègrement ici l'aspect génétique, biologique, psychologique de la question, et sûrement encore bien d'autres perspectives scientifiques) : c'est au travers des expériences accumulées que le fil conducteur de notre vie s'offre à nous.

Et du même coup, nous sommes tenus, par cette expérience de vie faite d'expériences rassemblées, de nous comporter en adultes. Les doubles lignes qui nous guidaient quand nous écrivions ont été gommées : nous avons appris à patiner derrière une chaise et à nager avec une bouée ; nous savons désormais patiner et nager tout seuls. Nous avons cru au Père Noël ; nous n'avons à présent plus d'illusion à ce sujet. Peut-être avons-nous cru en Dieu de la même façon qu'au Père Noël ; nous savons à présent que ce *Père* n'existe pas. Toutes les croyances que nous avions acquises ont été passées au crible. Bref : il nous faut nous débrouiller par nous-mêmes. Tout homme façonne son existence en partant de l'expérience qu'il en a.

De la « croyance » au « croire »

Autant la transition peut paraître simple, autant elle est complexe, en réalité. Pour qui veut « croire » aujourd'hui, la « croyance » d'autrefois n'a pas aplani la voie.

Qu'est-ce qui caractérise ce passage de la « croyance » au « croire » ? Tout commence avec la croyance (religieuse). Après quoi, il en va souvent ainsi : ou bien le prêt-à-consommer ingurgité durant l'enfance s'avère par la suite avoir été digéré en totalité – l'éducation spirituelle a alors « réussi » –, ou bien l'on constate qu'il ne convient pas vraiment au sujet auquel il a été administré. Lequel n'a alors pour toute alternative que celle du vomissement ou de la névrose. Vomir, c'est faire le choix salutaire grâce auquel, dans l'hypothèse la plus favorable, ce qu'on croit, cessant d'être une substance inassimilable, participe alors du rapport que nous avons à nous-mêmes et au monde qui nous environne. En d'autres termes : nous voilà passés du substantif « croyance » au verbe « croire ».

Mais c'est là très souvent une épreuve difficile et quelquefois même douloureuse. Car on a beau avoir rejeté les réponses du passé, les questions qu'elles recouvrent n'ont pas pour autant disparu.

La croyance peut être un obstacle embarrassant. Il s'est agi, au départ, du Dieu-Père Noël. Et il ne pouvait guère en être autrement : à des enfants, on ne présente Dieu que comme un mystère. Comment avons-nous cessé de croire au Père Noël ? En découvrant le pot aux roses : ce n'était qu'un homme déguisé. Les choses ne sont donc pas ce que nous croyions autrefois qu'elles étaient.

Pourquoi tant de gens abandonnent-ils la religion et l'Eglise ? Parce qu'ils ne peuvent plus accepter que les choses soient comme elles étaient, que Dieu soit une espèce de Père Noël. Mais ils ne savent pas ce qu'il en est. Non, personne ne sait ce qu'il en est. En fait, il n'en est rien.

Et pourtant Dieu est encore là. A la portée de chacun de nous, du reste. Dieu est dans le sac à dos de tous les Hollandais, car tout le monde ici a entendu parler de Dieu. Et quitte à réjouir certains croyants, dépiter les athées et peut-être irriter les agnostiques et les quelquechosistes[2], Dieu ne se laisse pas jeter dehors comme cela. Chacun peut mettre sous le mot Dieu des choses différentes, mais Dieu est dans le sac.

On ne peut donc le vider qu'en partie. Dieu fait pour ainsi dire honneur à son nom : il a toujours été là et y sera toujours, même pour nous. On aura beau se faire hindouiste ou athée, on ne se débarrassera jamais de Dieu. Ceux à qui a été plus particulièrement inculquée l'idée d'un Dieu sévère, d'un Dieu-juge, ne s'en défont souvent jamais tout à fait. Je pense ici, incidemment, à ces athées « rancuniers » du chapitre précédent ; ils n'en finissent pas de vomir.

En général, ces représentations ne disparaissent pas non plus. Ou pas de façon définitive. J'ai entendu bien des gens dire qu'il leur fallait fournir d'énormes efforts pour se détacher des vieilles idées, qu'ils n'étaient pas, pas encore, ou pas tout à fait en mesure d'adopter sans arrière-pensée les nouvelles, parce qu'à l'évidence, les anciennes images les habitaient toujours.

Il est des sacs à dos plus lourds que d'autres. Mais ce qu'on a laissé derrière soi ne s'efface pas, même lorsqu'on est un croyant en bonne forme psychique. Aussi actuelle que soit l'image que nous nous faisons de Dieu, elle ne supplante dans la plupart des cas pas l'ancienne, mais vient s'y superposer.

Cela prend toute une vie. Toutes sortes de choses nous tombent chaque jour dessus dont il nous appartient de juger si elles ont ou non leur place dans notre sac à dos.

---

2. Voir note 3, p. 26. [N.d.T.]

Ils levèrent les yeux et ne virent personne que Jésus, seul[3].

En tant qu'adultes, nous décidons par nous-mêmes : personne n'a emprunté avant nous la route qui est la nôtre, nous ne disposons que de notre propre sac à dos pour éclairer les choix que nous faisons. En ce sens, chacun de nous est un « croyant soliste »[4]. Il y a là de quoi se sentir passablement solitaire, mais c'est peut-être aussi une expérience qu'il faut avoir vécue pour reconnaître dans les autres ces mêmes solitaires esseulés. On se sent alors déjà moins seul. Car c'est avec eux que nous partageons la vie. L'être humain ne peut se réaliser par ses propres moyens, c'est au contact des autres que nous nous révélons à nous-mêmes et que nous nous construisons. Votre histoire, comme la mienne, est pleine des petites voix d'autrui.

Mais, en fin de compte, nous sommes seuls avec notre sac à dos rempli d'expériences amassées, source à laquelle nous pouvons puiser l'énergie vitale et la confiance dont nous avons besoin en chemin.

---

3. Matthieu 17,8. (Nouvelle Bible Segond, Bibli'O, 2002.)

4. [Traduction d'une] expression inventée par le journaliste et éditeur Jan Oegema, dans le numéro du 8 novembre 2005 du journal *Trouw*.

Faire confiance

Tout est dans le mot hébreu *aman*, que nous traduisons par « croire », et qui a pour sens premier « faire confiance ». « Croire » est, nous l'avons dit, affaire d'être et non d'avoir. De même qu'aimer : l'autre n'est pas quelqu'un qu'on « a ». Nous ne pouvons, en définitive, que nous abandonner à celui ou à celle que nous aimons. Et cela, c'est « faire confiance ». Non en vertu d'un pronostic fait après avoir sondé le terrain : maintenant, je peux lui faire confiance. Ce qui fait alors qu'on *a* confiance. C'est d'ailleurs ce que nous disons : j'ai confiance, alors j'ose. Dans le « faire confiance » au sens de « croire », la confiance est dans l'acte même par lequel on s'abandonne à l'autre. On ne s'abandonne pas à la confiance, c'est l'abandon à l'autre qui est lui-même acte de confiance.

J'ai affirmé plus haut que croire se rapporte à la vie. Faire confiance aussi, par conséquent. Pour une part, la confiance résulte d'une obligation. Si l'on ne faisait pas confiance à son semblable, aucune vie en société ne pourrait être instituée. Il faut donc en général partir du principe que l'on peut faire confiance à autrui. Pour autant qu'il faille arrêter un choix ou une décision en la matière, notre action se borne à déterminer si oui ou non, nous osons faire confiance à ceux qui nous entourent.

Pourquoi l'oser ? Placer sa confiance ou croire – que ce soit en nous-mêmes, en autrui ou en Dieu – sont des actes qui doivent être nécessairement fondés, et qui ne peuvent perdurer que s'ils s'appuient sur l'expérience. Mais cette expérience nous enseigne que les autres ne sont pas moins imprévisibles et enclins à l'inconstance que nous. De ce fait, il est extrêmement difficile de nous abandonner à l'autre sans être assuré que cet autre ne nous lâchera pas. Pour porter la confiance à un tel degré, il est nécessaire, en somme, de très bien se connaître réciproquement.

Et c'est justement là qu'est le hic ou le cercle vicieux : pour se faire confiance mutuellement, il faut bien se connaître, et pour pouvoir bien se connaître, il faut se faire mutuellement confiance. Et cette confiance ne surgit pas spontanément. Elle doit, pour vous comme pour tout le monde, être mise en branle, ici ou là, à tel ou tel moment, par la prise de risque que constitue l'abandon à l'autre. Oser cet abandon dépend avant tout du contenu de notre sac à dos.

Qui ne risque rien...

La confiance se construit « graduellement » en accumulant les expériences. On ne peut le constater que si l'on s'est risqué, et nous ne disposons d'aucune garantie. « Croire » ne consiste pas à avoir confiance en une forme divine qui se tient derrière nous : « Je me confie en lui, rien ne peut m'arriver. » Eh bien non ; il peut justement nous arriver toutes sortes de choses, et nous savons très bien que notre monde est souvent le théâtre d'événements lourds de menaces et douloureux.

Ça peut mal tourner. Tromperies et déceptions réciproques sont monnaie courante. Nos sacs à dos contiennent aussi de quoi nous décevoir. Et croire ne donne aucun sens aux maux et aux chagrins du passé. Croire consiste plutôt à refuser de considérer la vie comme vaine et de nous prêter à tout ce qui nous fait perdre de vue notre propre dignité et celle d'autrui : « Tout ça c'est bien beau mais je ne marche pas… »

Ce qui caractérise le croyant c'est peut-être justement son obstination, en dépit du caractère absurde et parfois angoissant de ce qu'il voit autour de lui, à dire oui à la vie, fort de l'expérience qu'il a qu'elle peut avoir du bon. Qu'il est possible, pour cette raison, de l'améliorer, qu'il est directement impliqué, que les choses ne s'arrangent pas de façon spontanée, et qu'il ne les redressera pas tout seul. C'est pourquoi le croyant n'a pas d'autre désir que de s'ouvrir à la vie et aux autres.

Tout cela est peut-être dit vertement, et pourtant ces mots sont fragiles – vouloir n'est pas pouvoir. Des expériences malheureuses sont susceptibles de peser fortement sur la confiance. Trop fortement parfois. Il est à craindre qu'un être que l'enfance a meurtri soit à jamais dans l'incapacité de faire pleinement confiance à autrui. Et même celui qui s'en est mieux sorti se fait égratigner en cours de route. Personne ne vit sans prendre des coups.

Mes mots se font plus prudents. Ce qui, hier, était inimaginable ou que rien ne laissait supposer, peut se produire aujourd'hui, j'en ai été témoin et en ai fait moi-même l'expérience. Et l'on se retrouve alors avec un sac à dos alourdi d'un tel poids qu'on parvient à peine à le porter seul. Nous pouvons nous féliciter et remercier Dieu à genoux, s'il y a autour de nous des êtres chers et dignes de confiance.

Il arrive qu'il n'y en ait pas. J'ai trop souvent rencontré des gens qui, à force de devoir se débrouiller par eux-mêmes, étaient devenus soupçonneux ou même cyniques. Je ne me risquerais pas cependant à dire de but en blanc que c'est là une incitation à croire. Et je ne prétends en aucune façon que croire soit affaire d'arguments rationnels.

Croire : un choix ?

Le processus par lequel nous sommes amenés à faire confiance n'est qu'en partie rationnel ; la confiance ne se commande pas plus qu'elle ne se démontre. Faire confiance, c'est davantage « compter sur » que « compter » tout court. La confiance ne se jauge pas : on fait confiance ou pas. L'affirmation « je fais confiance… » n'est ni vraie ni fausse, mais sincère ou feinte. C'est pourquoi il est si difficile de débattre de ce qu'est croire.

Lorsque des athées cherchent à discuter, c'est la plupart du temps en présupposant que les idées du croyant demandent à être démontrées ou réfutées. Mais chercher à prouver qu'on fait confiance est en soi contradictoire, et revient à ne pas se fier à la confiance qui est la nôtre. Peut-on jamais d'ailleurs être sûr de l'amour de celui ou celle qu'on aime, ou de la fidélité de nos amis ? Non, mais nous y croyons. Nous savons d'expérience que nous pouvons nous fier à nos amis et que cette confiance est plus forte que notre raison. Nous leur faisons confiance, et cela sans preuve logique ou calcul. La preuve, ou plus exactement la confirmation de cette confiance, est à chercher dans ce registre particulier de notre expérience qui, au travers de notre sensibilité intime, conduit à ce qui constitue un « savoir instinctif ». C'est pourquoi les arguments rationnels par lesquels on tente de présenter aux croyants les lumières de l'athéisme sont voués par avance à l'échec.

Ce n'est pas notre intelligence qui nous amènera à choisir de nous fier à quelqu'un. Faire confiance, ou en prendre le risque, ne résulte pas de considérations logiques. Qu'il y ait des gens auxquels on puisse se fier, c'est là, dirai-je, un miracle, plutôt qu'une conclusion tirée d'un raisonnement.

Je soupçonne que c'est ce que Pascal entendait signifier à travers sa phrase devenue célèbre : « Le cœur a ses raisons, que la raison ne connaît point. »[1] Ou – traduit librement : c'est aussi et surtout par la connaissance de ses limites que la raison s'affirme. Notre vie reste, en profondeur, inaccessible à notre intelligence, notre cœur est le seul vrai moteur de nos actions, et nous osons espérer que ce qui vient de notre cœur est bon. Ainsi donc, notre raison n'est pas mise hors circuit, mais « connectée » à notre cœur.

Prétendre que l'athée serait plus rationnel que le croyant me paraît être une méprise irrationnelle : l'athéisme est, lui aussi, un choix impossible à justifier par des arguments rationnels.

Regarde, j'ai placé aujourd'hui devant toi la vie et le bonheur, la mort et le malheur.
Choisis la vie (...)[2]

Dans quelle mesure peut-on choisir de croire ? La question est extrêmement complexe. Choisit-on de faire confiance à quelqu'un ? J'ai tendance à penser qu'on peut faire le choix de ne pas se fier à autrui, comme l'on peut choisir de ne pas nouer une nouvelle liaison pour ne pas risquer d'avoir encore à souffrir d'un divorce ou d'une séparation. Croire consiste donc à *ne pas* faire ce dernier choix, mais à rester fidèle à ce que nous avons expérimenté et constaté, à savoir qu'il est bon de vivre, malgré tout.

---

1. Blaise PASCAL, *Pensées*, Paris, Gallimard (Folio classique), 1977, fragment 397, p. 251. [N.d.T.]
2. Deutéronome 30,15 et 19. (Nouvelle Bible Segond, Bibli'O, 2002.)

Mais la vie n'est pas ou ne devient pas bonne d'elle-même. C'est à nous qu'il revient d'en faire quelque chose de bon, par nos « choix de vie ». Si je mets ces mots entre guillemets, c'est que, comme je l'ai dit auparavant, nous n'avons pas toujours le choix. Mais reconnaître ce qui est bon en tant que tel, nous engage, a un effet sur nous, et suscite en nous le désir de laisser les choses continuer ainsi. Et nous sommes directement impliqués. Avoir confiance en une chose, y croire, c'est aussi contribuer à ce qu'elle se produise, de façon à ce qu'elle devienne encore plus crédible pour nous et les autres.

On pourrait tout aussi bien dire qu'on se sent « appelé ». Quant à savoir ce que nous faisons de cet appel, si nous l'écoutons ou non, c'est notre affaire. Mais s'agit-il vraiment d'un choix ? Je me permets d'en douter. Une confiance qui a pris son essor a plutôt quelque chose d'irrésistible, elle est à proprement parler incontournable. En ce sens, il y a là plus une sorte d'impulsion qu'un choix conscient.

Pour prendre une autre image : je ne crois pas en un Dieu créateur du monde tel qu'il est. Je crois en revanche en un Dieu comme force incitant les hommes à construire un monde meilleur. Ce qui me permet de comprendre pourquoi il est écrit dans le récit de la création que « Dieu vit que cela était bon » [3]. Il ne faut pas voir là l'expression de la satisfaction divine après l'accomplissement du travail de création, mais une évaluation humaine portant sur la façon dont les choses ont commencé et recommencent sans cesse : c'est assez bon pour un commencement. Autrement dit : la réalité est neutre; et c'est en fonction de ce que vous et moi en faisons que quelque chose de bon peut ou non en sortir.

3. Genèse 1,18 (version Louis Segond, Nouvelle édition revue, avec parallèles, 1910).

Croire en Dieu

Et Dieu ? Est-il possible de le choisir, lui aussi ? « Dieu » peut être le mot par lequel on désigne ce en quoi ou par quoi l'on croit : des expériences qui ont assis et confirmé notre confiance. C'est une possibilité, pas une nécessité.

L'homme vit, éprouve, expérimente. Pour expliquer ses expériences et les partager avec autrui, il a besoin du langage. Ainsi affirmons-nous par exemple que quelque chose n'arrive pas sans raison, qu'entre ciel et terre il y a plus que nous ne pouvons le concevoir, et ainsi de suite.

C'est en fonction du contenu de notre sac à dos que nous employons ou non le mot « Dieu » : certains en font usage pour désigner ce en quoi ils croient, d'autres l'emploient à travers un juron, pour d'autres encore, ce vocable est si chargé d'associations négatives qu'ils se refusent totalement à l'utiliser.

En employant le mot « Dieu », nous associons, d'une façon qui nous est propre, du langage à des expériences qui seront expliquées différemment par celui qui est équipé d'un autre sac à dos. Ceci veut dire que par le mot « Dieu » nous traduisons verbalement une expérience dont nous ne pouvons vérifier si et en quoi elle se distingue de celle qu'autrui formulera au moyen d'autres mots. Après avoir traversé une période difficile, un athée dira : « J'ai eu la force qu'il fallait pour m'en sortir », un humaniste laïque : « J'ai trouvé la force qui m'a permis de m'en tirer », un quelquechosiste [1] : « Ça [2] m'a donné la force d'en venir à bout », un croyant : « Dieu m'a donné la force ». Chacun d'eux dit quelque chose de différent, et qui correspond d'ailleurs probablement à ce qu'il entend signifier, mais quant à savoir si l'expérience qu'il tente d'exprimer par là est elle-même différente, c'est un autre problème.

Une seule chose est claire, c'est que la formulation diffère. Est-il vraiment possible, indépendamment de cette différence de formulation, de déterminer si l'expérience est la même ? Sur ce point, nous ne sommes pas encore au bout de nos peines, car les expériences sont indicibles. Ce que deux paires d'yeux amoureux se disent mutuellement, aucune plume n'est capable de le rendre en totalité. L'expérience est une source de connaissance qui renferme beaucoup plus que ce qu'il est possible de dire à son sujet. Essayez donc un peu d'expliquer ce qu'est l'émoi... On pourrait dire que, dans l'expérience, « savoir » et « être » se confondent, sont inséparables.

Les expériences sont innombrables, elles précèdent nos mots. L'expérience vient en premier, la formulation en second, et le langage est toujours défaillant.

Sur ce dont on ne peut parler, il faut garder le silence [3].

Si « Dieu » est un mot appliqué à des expériences indicibles, parler de Dieu procède toujours, d'une certaine façon, d'une

---

1. Voir note 3, p. 26. [N.d.T.]

2. La traduction littérale du néerlandais donnerait ici en toute logique quelque chose comme : « J'ai reçu la force » ou « La force m'a été donnée de », formules fort improbables en français, et qui de plus paraîtraient, dans notre langue, encore plus fortes et plus « spiritualistes » peut-être que la formule attribuée au croyant. La définition donnée par l'auteur du « quelquechosiste » rend logique que le sujet ou la cause « donnant la force » ne soient pas spécifiés. D'où cette traduction. [N.d.T.]

3. Ludwig WITTGENSTEIN, *Tractatus logico-philosophicus*, Proposition 7, Paris, Gallimard (Tel), 1993, p. 112.

forme unilatérale de communication. La simple suggestion que quelqu'un d'autre pourrait mettre sous ce mot la même chose que vous constitue une atteinte à l'indicibilité. Il n'y a donc, à vrai dire, pas lieu de s'étendre davantage sur le sujet.

Cette dernière précision serait cependant inutile si, en la matière, l'on n'avait pas multiplié à ce point les propos et les écrits. Ainsi, par exemple : « Nous faisons ensemble l'expérience de Dieu du fait que nous nous inscrivons dans une tradition religieuse. »[4] Ou : « L'homme ne peut rien expérimenter qui ne soit pas en rapport, d'une façon ou d'une autre, avec ce qui constitue déjà son horizon d'attente. »[5] Ou encore : « Les Chinois ne peuvent faire l'expérience de Dieu, car ils ne le connaissent pas. »[6]

Si j'attache à cela tant d'importance, c'est que ces citations suggèrent, à tout le moins, que quelque chose doit précéder une expérience pour que celle-ci puisse être identifiée comme étant ce qu'elle est. Mais ce n'est pas à l'athée qui est en moi qu'on fera accroire que, pour pouvoir désigner par le nom de « Dieu » son expérience, il lui faut s'inscrire dans une tradition religieuse.

---

4. La perception directe qu'on a de Dieu est liée à l'existence de convictions enracinées. Comment pourrions-nous, sinon, identifier Dieu dans l'objet de notre perception ? Nous faisons l'expérience de Dieu du fait que nous nous inscrivons dans une tradition religieuse. (W.P. ALSTON, philosophe américain, cité par Wessel STOKER in : *Is geloven redelijk ?* [*Est-il raisonnable de croire ?*], Zoetermeer, Meinema, 2004, p. 71.)

5. « La croyance naît dans une communauté ; l'objet de cette croyance devient "vrai" du fait qu'il est reconnu comme tel au sein de cette communauté. En conséquence de quoi (...) je dirais que l'homme ne peut rien expérimenter qui ne soit pas en rapport, d'une façon ou d'une autre, avec ce qui constitue déjà son horizon d'attente. » (Desiree BERENDSEN, *Waarom geloven mensen* [*Pourquoi l'homme croit-il ?*], Kampen, Kok, 2001, p. 74.)

6. « On a beau aborder le problème sous l'angle des expériences, qualifier celles-ci d'"expériences de Dieu" implique une connaissance préalable de ce dernier, sans laquelle cette qualification n'aurait jamais pu leur être appliquée. Les Chinois ne peuvent faire l'expérience de Dieu, car ils ne le connaissent pas. » (Harry KUITERT, in : *Hetzelfde anders zien* [*Voir le même autrement*], Kampen, Ten Have, 2005, p. 75.)

Ou que cette expérience ne sera prise en considération que si quelqu'un d'autre affirme l'avoir lui-même faite, ou s'il se trouve quelque idéologie ou communauté religieuse pour la cautionner. Ou enfin – pire encore – que l'expérience que je désigne par le mot « Dieu » n'est « vraie » que si je fais partie d'une communauté (religieuse).

Cela n'a donc pas non plus commencé ainsi ? Non, ça s'est fait dans l'autre sens : ce sont les expériences qui ont abouti aux théories et aux religions. Renverser le cours du processus en prétendant qu'une connaissance préalable est indispensable pour qu'il y ait expérience, c'est presque user d'un langage annexionniste. Si j'étais né en Chine, j'emploierais pour désigner une expérience à laquelle j'associe le mot « Dieu » un autre mot, un mot chinois. Mais il se peut aussi qu'on ait, sous un autre nom, affaire à la même expérience. Un Chinois est alors à même de faire l'expérience de Dieu, en la nommant simplement d'une autre façon.

Erich Fromm affirme qu'un concept ne parvient jamais à désigner de façon adéquate l'expérience à laquelle il renvoie. Il n'est pas cette expérience et ne fait qu'y renvoyer. Je ne dis pas autre chose : la frontière entre l'expérience et sa formulation ne peut être franchie à contresens.

Du bon côté de la frontière, la langue doit se contenter d'employer la première personne du singulier : en parlant de Lui, je ne dis rien de Dieu ; c'est de *mon* Dieu que je parle. Plus exactement : je parle de *mes* expériences que *j'*associe à ce que j'appelle Dieu.

Le mot « Dieu » ne dit rien de Dieu

Votre Dieu n'est pas le mien. Il y a autant de dieux qu'il y a d'êtres humains. Il suffit de se reporter à l'histoire ou aux autres conceptions religieuses présentes dans notre environnement pour constater que l'idée ou l'image de Dieu que se fait un individu ne signifie rien pour un autre. Lorsque nous employons le mot « Dieu » dans son sens général – non pas « mon Dieu » donc, mais « Dieu » –, nous ne faisons que spéculer. Dans le meilleur des cas, parler de Dieu ne renvoie pas à Dieu, mais au locuteur lui-même, ou plus précisément au Dieu du locuteur. Et encore, ce Dieu n'est, lui-même, pas caractérisé. Ce que nous vivons, ce par quoi nous passons nous transforme, et à mesure que nous nous transformons, tout ce que nous percevons subit également une transformation. Nous sommes amenés à voir les gens, les choses, et Dieu lui-même d'un autre œil, pour ainsi dire.

Le Dieu d'un adulte n'est pas celui de son enfance ou de son adolescence. Chaque homme est différent ; dans une vie humaine, chaque période est spécifique, et, de ce fait, notre expérience de Dieu n'est, elle non plus, pas statique. Dieu change parce que nous changeons. Dieu voyage, pour ainsi dire, durant toute une vie avec nous : tel un mot que nous n'avons pas forgé nous-mêmes, mais dont le contenu ne cesse de se modifier en cours de route, et dont, par conséquent, la signification n'est jamais figée. Tout a commencé quand les autres l'ont mis dans notre sac à dos, après quoi il nous a tenu compagnie et nous nous le sommes approprié, à notre façon.

Pour prendre une autre image : Dieu est un élément de notre récit ; c'est l'un des mots que nous utilisons pour narrer notre propre histoire.

Dieu : notre propre histoire

L'univers est formé d'histoires et non d'atomes[7].

Si, en proie au chagrin, vous vous réveillez de nuit, sans plus pouvoir vous rendormir, à quoi vous raccrochez-vous ?

---

7. Muriel RUKEYSER, poétesse américaine (1913-1980), *The Speed of Darkness* [*La vitesse des ténèbres*], 9e section, vv. 3-4, New York, Random House, 1968. [N.d.T.]

Comment avez-vous accepté la mort de votre compagnon ou de votre compagne, votre divorce ? A de telles questions, on ne répond pas par un seul mot ou en une ligne pour dire comment cela s'est fait, mais on se met à raconter l'histoire de ce qui s'est passé tout au long de notre route.

Si quelqu'un nous demande quelle image nous nous faisons de Dieu et comment celle-ci s'est constituée, c'est un récit qu'il s'entend raconter : dans notre image de Dieu se loge aussi notre histoire. Ce que Dieu signifie pour nous est un élément de notre propre récit de vie. Dieu n'est donc pas un mot isolé, mais l'élément d'une histoire qui s'élabore une vie durant et nous accompagne.

Ce récit n'est pas que le nôtre ; d'autres participent à son écriture, et il ne demande qu'à être raconté à autrui. On ne devient homme que si l'on « advient au récit », si l'on se raconte soi-même. Et, inversement : notre être et notre apparence extérieure ne nous sont pas simplement renvoyés par le miroir, c'est aussi et surtout par les récits des autres que nous en avons connaissance : « T'as l'air fatigué ! », « Tu as bien agi », « Je suis ou je ne suis pas d'accord avec toi ». Le « tu » devient un « je » du fait qu'autrui nous dit « tu ».

Cela commence ainsi pour tout le monde. Par le truchement de ce que nous racontons, nous découvrons qui nous sommes et ce qu'on attend de nous en tant que garçon ou fille, homme ou femme, homosexuel ou hétérosexuel, soldat, salarié.

Cela a commencé de la même façon pour Dieu : *au commencement*, il y eut des récits se rapportant aux dieux. Chaque tribu, chaque peuple disposait de ses propres récits sur l'origine de l'homme et de la terre et sur la façon dont les dieux régissaient la vie des humains. Sans récit, impossible d'évoquer Dieu. Et cela n'a pas changé. Dieu est un Dieu raconté. Ce que nous savons de Dieu provient des récits des hommes. Nous nous sommes, vous et moi, forgé une image à partir de ce que les autres croyaient, des expériences qu'ils ont faites, de ce qu'ils ont raconté. Et les choses continuent de cette manière : qu'ils soient brefs ou longs, nous échangeons tous les jours des récits.

Pour reprendre les termes utilisés précédemment, il y a là autant d'événements susceptibles de devenir expériences. Chacun d'entre nous comprend les récits des autres, parce que nous nous servons tous des mêmes mots. Mais nous ne les comprenons que s'il se produit quelque chose ; que si mon récit est touché par le vôtre. Pour peu qu'il se passe quelque chose en moi tandis que vous vous racontez, votre récit se transforme pour moi en expérience. Je suis alors – en deçà même des mots – touché sur le plan affectif. Ce n'est donc pas à travers les mots qu'un récit est touché par un autre, mais c'est dans le vif de l'expérience, sous les mots.

Pour que je sois touché par l'histoire d'un autre, il n'est pas obligatoire que ce dernier soit un être vivant. Il peut avoir vécu autrefois ou n'exister que dans un livre. Si ce livre me plaît, je suis alors touché par un récit qui parle de ce qui est arrivé à quelqu'un, tandis qu'il était en chemin. Et pour être touché par un récit, il n'est pas nécessaire que cela se soit « vraiment produit ». Tous les grands récits de la littérature mondiale, l'*Iliade*, *Hamlet*, *Don Quichotte*, etc., sont en totalité ou en grande partie le fruit de l'imagination. Et ils seraient depuis longtemps tombés dans l'oubli si les hommes d'aujourd'hui avaient cessé de se sentir concernés par ces œuvres. Point n'est besoin d'être un Grec de l'Antiquité pour se reconnaître dans la situation tragique d'Œdipe. Les récits inventés ne sont pas des fictions lorsqu'ils représentent une réalité identifiable par des gens comme vous et moi.

Récits bibliques

La Bible contient, elle aussi, des récits inventés. En tant que pasteur, je dis cela, bien entendu, avec précaution, tenu, comme je le suis, de ne pas oublier qu'il y a, assurément, dans ce livre, un noyau historique.

Ainsi nous est-il dit que Moïse a demeuré à Madian [8]. Madian a vraisemblablement existé; il se peut même qu'un homme dénommé Moïse y ait habité. Mais le Moïse de la Bible n'existe que dans le texte biblique. Non comme personnage historique, mais comme figure mythologique. Pour peu que je me reconnaisse dans le récit de sa traversée du désert, Moïse se met à exister, devant moi. Savoir s'il a réellement vécu est sans importance. Il n'est pas nécessaire que ce qui s'est passé soit réel. Ce qui est raconté sur ce qui s'est passé constitue à mes yeux une réalité. Le récit me touche du fait que j'y lis ce que je vois se produire autour de moi et en moi-même lorsqu'un homme s'arrache à ce qui l'oppresse et l'asservit. Ce n'est pas parce que cela se passait à cette époque que le récit est vrai, mais parce que cela se produit encore aujourd'hui.

Dans la Bible, on rencontre plusieurs dizaines d'occurrences de l'expression « en ce temps-là ». Laquelle a un fort parfum de « il était une fois » et, librement interprétée, peut s'entendre ainsi : « Soyons attentif, car ce qui est raconté ici ne s'est en aucun cas produit comme il est écrit, mais peut nous arriver à tout moment, à vous comme à moi. »

Le récit de Noël de l'évangile de Luc commence par ces mots : « Or, en ce temps-là parut un décret [...] » [9] Il n'y a probablement pas grand monde pour croire que ce qui vient ensuite s'est véritablement passé comme l'énonce le récit. Sa vérité ne réside pas dans la concordance entre ce qui se produit et ce qui est écrit, mais dans le fait que, par son entremise, il se produit quelque chose en nous. Autrement dit, la force élocutoire du récit a davantage d'importance que sa vérité historique. L'intention des auteurs de la Bible n'était pas non plus de fournir une

---

8. Exode 2. [N.d.T.]

9. Luc 2,1. (Traduction Œcuménique de la Bible [TOB], Paris/Villiers-le-Bel, Cerf/SBF, 10e édition 2004.)

information d'ordre historique, mais d'exprimer, en tant que croyants, leurs vues sur le présent.

Les récits bibliques ne proposent pas d'explication ni d'analyse, ils illustrent ce qu'a été l'expérience de quelques humains, ce que d'autres y ont reconnu, et ce qu'aujourd'hui nous pouvons nous aussi toujours y reconnaître. Dire que la Bible contient « la parole de Dieu » est donc l'un dans l'autre une remarque creuse. La Bible est un livre comme beaucoup d'autres. Le mot « Dieu » y figure bien sûr très fréquemment, mais c'est au lecteur et non au livre de déterminer si c'est bien alors de Dieu qu'il est question. Les propos tenus *sur* Dieu peuvent devenir parole *de* Dieu s'ils nous interpellent. C'est en fonction de la période de la vie que nous traversons et de ce qu'ont été nos expériences, que cette éventualité est susceptible ou non de se réaliser.

Quelqu'un auquel il arrive de passer des nuits à se ronger les sangs dans son lit sans pouvoir dormir n'a pas besoin d'un exégète pour entrer dans le récit de Jacob qui se débat dans la nuit [10]. Un autre lecteur passera rapidement sur cet épisode. Un récit peut très bien nous dire quelque chose à un moment particulier, et ne plus rien nous dire à d'autres moments.

Quand nous nous reconnaissons dans un récit biblique, celui-ci éclate, pour ainsi dire, en nous ramenant à notre propre existence : les personnages qui s'y rencontrent deviennent nos propres reflets. Nous retrouvons nos expériences qui, de ce fait, nous apparaissent parfois plus clairement. Il y a là une possible source d'inspiration et même quelquefois de réconfort. J'ai vécu cela, moi-même, et je ne suis pas le premier.

Dans mon cas, c'est Moïse qui déclenche ce processus. Lorsque je lis son récit, c'est automatique. Le fait que je ne sois jamais allé dans un désert ne me gêne pas; pour peu que je considère ma vie et celle des autres, je reconnais Moïse : marchant péniblement à travers le désert, quittant l'adversité pour

10. Genèse 32.

un ailleurs plus propice. Il a expérimenté Dieu comme « ce qui accompagne », s'est laissé guider, sans aucune passivité, s'insurgeant parfois violemment, montrant colère ou dépit. Il m'arrive de me sentir porté – comme lui – et, par moments complètement seul dans le désert. Les expériences qui jalonnent son chemin sont pareilles aux miennes. Le « cadre » du récit disparaît alors ou n'a plus aucune importance. Le désert ne fonctionne plus comme indice géographique, mais comme dénomination d'une situation dans laquelle un être subit l'épreuve que représentent l'inhospitalité et l'opacité de la vie. L'Egypte (littéralement, le « pays de la mort ») cesse d'être le pays arrosé par le Nil, mais se trouve partout où la vie n'est pas une vie. La Terre promise n'est plus quelque part au Moyen-Orient, mais partout où les hommes font de leur mieux pour vivre et faire vivre dignement. Et la mer Rouge n'est plus une grande étendue d'eau, mais une question directe : devant quelle mer Rouge suis-je présentement ?

Il peut en aller différemment pour chacun. Un récit n'a quelque chose à raconter que s'il touche en nous une corde sensible, si nous reconnaissons en lui le récit de notre propre vie. C'est pourquoi d'ailleurs – parole de pasteur – il n'y a personne qui puisse, du dehors, dire quoi que ce soit sur la signification qu'a pour nous un récit, parce que ce n'est qu'à partir de notre propre expérience que quelque chose peut être dit à ce propos. Par nous seuls, donc.

Les récits bibliques racontent ce qui arrive aux hommes qui cheminent, de leur naissance à leur mort. Avec tout ce que cela comporte : amour, haine, fidélité, tromperie, joies, chagrins, maladies, espoirs, peurs, désirs. Et parmi tous ces heurs et malheurs, il arrive que Dieu se produise. Ce sont des récits qui racontent comment Dieu peut se produire dans ce qui advient aux hommes et entre les hommes.

Il dépend du contenu de notre sac à dos que nous faisions cette même expérience et que nous la nommions ainsi. Si l'un de ces récits nous interpelle, il devient nôtre, nous y figurons nous-mêmes, et nous sommes celui dont on parle dans le récit. Pareil récit nous suit, littéralement : il chemine avec nous, dans notre sac à dos, sur notre route, de la naissance à la mort. Ainsi donc, ce récit, et la façon dont Dieu s'y produit, nous accompagne.

Dieu comme « ce qui accompagne les hommes »

La Bible a recours à une même métaphore pour parler de Dieu : ce qui accompagne les hommes. Le chapitre 3 du livre de l'Exode, récit dans lequel Dieu se « présente », en témoigne déjà : « Allez, et j'irai avec vous »[1] (dans le désert, sur le chemin de la vie).

Le nom de Dieu est indissociablement lié aux hommes qui sont en chemin. Le récit illustre, plus loin, de façon frappante, cet aspect dynamique en évoquant une colonne de nuée et une colonne de feu : « La colonne de nuée allait devant eux. »[2]

Intuition extrêmement fine : si nous restons où nous sommes, rien ne se produira. Mais si nous partons, si nous nous mettons en marche, nous constaterons que nous sommes accompagnés.

Dans un autre passage de la Bible, Dieu s'avère également très mobile. Tout au début, dans Genèse 1 : « La terre était informe et vide; il y avait des ténèbres à la surface de l'abîme, et l'esprit de Dieu se mouvait au-dessus des eaux. »[3] Rien

---

1. Voir note 2, p. 12. [N.d.T.]

2. Exode 13,21. Littéralement : « L'Eternel allait devant eux, le jour dans une colonne de nuée pour les guider dans leur chemin, et la nuit dans une colonne de feu pour les éclairer [...] » (version Louis Segond, Nouvelle édition revue, avec parallèles, 1910).

3. Genèse 1,2 (version Louis Segond, Nouvelle édition revue, avec parallèles, 1910).

n'existe, quelque chose *se meut*. Autrement dit : Dieu n'est pas lié à un espace déterminé, n'*est* pas quelque part.

Et ce n'est pas pour rien qu'à propos de Jésus, le récit raconte qu'il est né « en cours de route » et montre comment il a traversé villes et villages, et s'est rendu à Jérusalem. Et qu'il est dit à tout propos, dans les évangiles, que des hommes sont « envoyés », dépêchés par monts et par vaux. Ça bouge sans arrêt !

Dieu se produit

Voilà pourquoi il vaudrait bien mieux de dire que Dieu « se produit » plutôt que d'affirmer qu'il existe. Ou, de façon plus circonspecte, qu'il peut se produire. Parler de « présence » c'est, là aussi, se fourvoyer. Comme si autour de nous ou en nous-mêmes, se trouvait quelque chose dont nous devrions ou dont nous pourrions prendre conscience. Le mot « Dieu » ne dérive pas d'un substantif, mais d'un verbe : « Va et j'irai avec toi ». Autrement dit, Dieu n'existe pas mais peut se produire, et Dieu n'est pas, mais pourra ou pourrait être.

A manager shows his skills through his people [4].

Si Dieu se produit, cela ne peut se faire sans les hommes. Ou encore : là où il n'est pas question de vous ou de moi, il ne peut être question de Dieu. Dieu lui-même garde de cette façon les pieds sur terre. Il est peut-être vrai que Dieu « surpasse les hommes », mais si l'on met un point final derrière ce constat, il reste littéralement « suspendu en l'air » tel un nimbe de mots

4. Texte affiché (en 1973) sur une cloison du bureau de mon patron dans les locaux de Rank Xerox, à Amsterdam. En anglais dans le texte [N.d.T.] : « C'est par l'intermédiaire de son personnel qu'un manager fait la preuve de ses compétences. »

quelque peu nébuleux, et même parfois quelque peu avachi. Gardons-nous aussi d'entendre de façon aussi littérale ce mouvement au-dessus des eaux de Genèse 1.

Les choses sont si magnifiquement dites dans cette phrase-ci : « J'ai vu la souffrance de mon peuple [...], je suis descendu pour le délivrer de la main des Egyptiens. »[5] Dieu « descend », il a besoin des hommes pour pouvoir être Dieu.

« Allez, et j'irai avec vous ». Dans le nom, la distance entre Dieu et les hommes est pour ainsi dire déjà franchie. Nous faisons ainsi l'expérience de Dieu comme étant notre prochain. Là où les hommes sont absents, Dieu ne se produit pas. Par exemple, Dieu ne se produit pas dans la nature, qui n'a cure de Dieu et des hommes. Après « Dieu se produit » il faut une virgule, et derrière cette virgule, viennent les hommes. Croire implique nécessairement un rapport aux autres.

L'un des plus grands malentendus, lorsqu'on aborde cette question, consiste à penser que « croire » aide, et nous rend moins dépendants d'autrui. « C'est bien triste pour lui, mais heureusement, sa foi le soutient. » Libre à nous de nous appliquer à nous-mêmes cette appréciation, mais ne disons et ne pensons pas cela des autres. Plus ceux qui l'entourent sont persuadés qu'une personne s'en sortira par elle-même, moins ils se démèneront pour l'aider à s'en sortir. Mais aussi croyante qu'elle soit, cette personne ne s'en sortira pas sans le concours de son entourage. S'il n'y a pas d'assistance entre les hommes, Dieu n'est nulle part.

La Bible elle-même ne parle jamais d'un « Dieu en soi », mais sans cesse de ce qui se produit dans l'histoire des hommes. Il s'agit toujours du Dieu d'Abraham, de celui de Jérémie, de Job, et ainsi de suite. Dieu n'est pas un élément de décor impersonnel ou un itinérant immobile. Quand le mot « Dieu » survient, des hommes sont impliqués qui « doivent œuvrer ensemble ».

---

5. Exode 3,7-8 (version Louis Segond, Nouvelle édition revue, avec parallèles, 1910).

Nous pouvons donc continuer à affirmer que « Dieu se produit lorsque les hommes font ce que la Bible dit de Dieu ». Jésus, reprenant le Lévitique[6], a dit, littéralement : « Soyez donc parfaits, comme votre père céleste est parfait. »[7] Autrement dit : les hommes doivent être semblables à Dieu. Si les hommes font ce que la Bible dit de Dieu, ce que signifie le « je serai là » est accompli et Dieu se produit. Jésus est lui-même appelé Emmanuel : Dieu avec nous : pour trouver Dieu, il faut se trouver parmi les hommes.

Pas de Dieu sans les hommes, par conséquent. C'est tout autre chose que de dire que Dieu « n'est pas en dehors de l'homme ». Pour moi, ce qu'il y a d'essentiel, c'est justement que Dieu est bel et bien en dehors de l'homme. Je reviendrai sur ce point, mais j'anticipe pour dire quelques mots à propos de « Dieu en l'homme ».

Mon inspiration s'enflamme en un point qui est en dehors de moi[8].

Dieu en l'homme ?

Comme je l'ai dit, il ne peut être question de Dieu s'il n'est pas question de vous ou moi. Ceci ne signifie pas que Dieu se trouve en vous, en moi, ou qu'il y aurait en l'homme une espèce « d'étincelle divine ». Dire cela, c'est enfermer Dieu, renoncer à la définition personnelle que nous lui attachons – pour autant que nous en ayons une. Dieu ne « se trouve » pas, « n'est » pas quelque part.

---

6. Lévitique 19,2 : « Soyez saints, car je suis saint, moi, le Seigneur votre Dieu. » (Traduction Œcuménique de la Bible [TOB], Paris/Villiers-le-Bel, Cerf/SBF, 10e édition 2004.)

7. Matthieu 5,48 (version Louis Segond, Nouvelle édition revue, avec parallèles, 1910).

8. Paul Klee (1879-1940).

L'image d'un « Dieu en l'homme », je le sais bien, est largement répandue, mais elle repose sur un vieux malentendu, très tenace. Elle est aussi ancienne que la gnose[9] et encore aussi vivace que la philosophie du new age. Comme d'autres que moi lui ont consacré suffisamment d'écrits, je me borne ici à évoquer les effets et les fausses interprétations auxquelles elle est liée.

Une des représentations gnostiques de Dieu fait de lui un corps spirituel ou lumineux qui a été dispersé. Cette dispersion a vraisemblablement pour origine une explosion, d'où l'« étincelle ». Tout être humain étant porteur d'une de ces étincelles, il s'agit pour lui d'en prendre conscience afin de connaître Dieu et d'assurer ainsi son salut. L'image est séduisante, du fait même qu'elle est très éloignée des sombres représentations de l'Eglise. La doctrine continue à avoir pour base le « péché originel » : l'homme est fondamentalement mauvais, parce que Eve a jadis tout gâché dans le jardin d'Eden : le salut ne peut venir que grâce à Jésus et par lui seul. N'y comptez pas trop cependant.

Le succès de cette image de Dieu en l'homme, y compris chez les chrétiens, se conçoit aisément : on cherchait auparavant Dieu au-dessus et en dehors de l'homme, mais en vain. Et s'il était... ? Eh bien non ! Gardons un peu nos distances. Si Dieu est en nous, il n'y a plus de prière qui tienne, sans compter que nous aurons besoin de pas mal de tours de passe-passe pour expliquer le mal. Et comment devrai-je désormais m'adresser à vous ? A cela, Harry Kuitert ajoute aimablement qu'il faudra alors revoir notre définition de l'homme : « Si l'on attribue à l'homme une parcelle de divinité, il n'est, à proprement parler, plus un homme. »[10] Chesterton, un siècle plus tôt, se montrait moins charitable : « De toutes les religions horribles, la plus horrible

---

9. Mouvement philosophico-religieux apparu dans les premiers siècles du christianisme. Mettant l'accent sur la *gnosis* (connaissance), les gnostiques s'écartaient de la doctrine de la rédemption défendue par l'Eglise, et furent, de ce fait, considérés comme hérétiques et persécutés.

10. Harry KUITERT, *Schiften*, *op. cit.*, p. 117.

est le culte du dieu intérieur. [...] Si Jones adore le dieu qui est en lui, cela signifie en fin de compte que Jones adore Jones. »[11]

Aussi élégante et séduisante que soit la formulation de l'image – Dieu comme source de notre faculté à mener une vie dévouée et pleine de sollicitude, comme source du bien qui est en nous, comme ce qu'il y a de meilleur en notre être, comme ardente intériorité de notre existence – et quoi que puisse effectivement recéler notre être intérieur, tout cela ne peut devenir Dieu qu'en se manifestant en dehors de nous. Ou, pour prolonger l'image : s'il y a en l'homme quelque chose de « divin », ce quelque chose tient davantage de l'allume-feu que de l'étincelle. Pareil ustensile ne produit pas de feu par lui-même, mais doit d'abord être allumé. L'« étincelle » doit venir du dehors. C'est dire que lorsque l'allume-feu s'enflamme, un petit feu se met à brûler en nous, qui n'est pas seulement nôtre, mais qui ne pourrait pas exister si nous n'étions pas là.

Dieu parmi les hommes

J'ai toujours eu l'intuition, en travaillant à l'hôpital, dans une maison de retraite ou dans un lieu où l'on prend en charge les malades (...) de voir Dieu à l'œuvre[12].

Il arrive que les contacts humains fassent naître de vives étincelles. On le constate très facilement lorsque, dans une rencontre, quelque chose « se produit » : nous nous exaltons. Ce phénomène ne s'explique pas par le comportement d'une personne en particulier ; rien ne se passe sans la présence de l'autre.

---

11. G.K. Chesterton (1874-1936), *Orthodoxie*, Paris, Gallimard (Idées), 1984, p. 114.

12. Retranscription d'un propos de Jan Lokerse (1953-1995), infirmier et membre du chœur de l'Eglise de Middelburg.

Un plus un font quelquefois plus que deux. Peut-être pourrions-nous, non sans une bonne dose de prudence, appeler Dieu ce *plus*. Dieu « s'enflamme » donc, pour ainsi dire, lorsque s'établissent des contacts *entre* les êtres. Et ce mot, « entre », implique non le dedans mais le dehors. Voyez ce qu'il en est de l'amour : il n'appartient pas aux hommes, mais sans eux, il n'est rien : c'est par les hommes que l'amour va et vient. L'amour est « quelque chose qui nous dépasse et n'est rien sans nous ». J'emploierais des mots très proches de ceux-ci, s'il me fallait définir Dieu. Pour prendre une image plus traditionnelle, Dieu est la dimension verticale des rapports humains horizontaux. Dans les « milieux religieux périphériques » [13], on rencontre la notion de « Moi Supérieur ». Le principe de base – mais il s'agit là, bien sûr, d'une image – est qu'il y a en l'être humain un « centre », disons un « point », où il n'est que lui-même : affranchi de tout ce qui l'accapare ou l'occupe, déconnecté de ses soucis, de ses projets, de ses bobos, de sa montre, des bruits environnants. S'il n'est pas *là*, c'est qu'il a été distrait par quelque chose, que, par exemple, il n'est pas non plus en état d'écouter autrui, que prier n'a alors aucun sens pour lui, etc. C'est seulement à partir de ce point central qu'il peut tirer une ligne horizontale vers ses semblables et une ligne verticale vers Dieu. Et la théorie ne parle pas alors de Dieu mais de « Moi Supérieur ».

Mais où s'arrête notre Moi Supérieur et où Dieu commence-t-il ? Un être humain sait-il où il finit lui-même et où commence Dieu ? La question que pose la ligne verticale ne peut selon moi recevoir de réponse qu'en tirant la ligne horizontale.

L'apôtre Paul aurait été de cet avis : « Des gens vinrent à la rencontre de Paul, et en les voyant, il rendit grâces à Dieu et prit

---

13. Nommés aussi « réseaux parallèles ». Les deux expressions sont parfois employées au sein des Eglises comme pour désigner quelque chose de peu recommandable. Je ne suis pas de cet avis, j'ai pris plaisir à en faire l'expérience, et c'est à cela que je dois d'être devenu pasteur.

courage. »[14] Il ne voit que des gens, mais il rend grâces à Dieu. On ne saurait mieux dire.

Un athée objectera peut-être qu'il n'y a pas besoin de Dieu pour cela, et qu'au fond, une simple explication en termes de rapports humains suffit. Sans doute. Ce que l'un qualifie de « divin », l'autre le considère comme foncièrement humain. Si l'on trouve « normal » que quelqu'un se prive de tout des années durant pour s'occuper d'un malade, que des hommes et des femmes s'engagent bénévolement en faveur des réfugiés, qu'une personne saute à l'eau pour sauver un inconnu, on peut se passer du mot « Dieu ».

Mais je soupçonne que c'est dans ce type de situations que ce mot est apparu. S'il en était autrement, si ce terme doit être réservé au Très-Haut, je ne vois pas en quoi il a eu à faire ou peut avoir à faire avec la vie quotidienne, matérielle des hommes. Et je ne parviens pas non plus, dans ces conditions, à m'imaginer comment ce mot a bien pu leur venir à l'idée.

Là où des hommes ne sont pas vraiment associés, où il n'y a pas un effort d'humanité réciproque, il est inutile de parler de Dieu. Mais là où les hommes sont disposés à se mettre au service les uns des autres, avec leur personnalité propre et leur vulnérabilité, cela devient possible ; Dieu peut se produire.

Où le pourrait-il sinon ? Si je ne perçois pas cette disponibilité en vous, et si vous ne la percevez pas en moi, y a-t-il alors encore matière à croire ?

Ainsi donc, Dieu peut se produire comme « l'extraordinaire dans l'ordinaire ». Il arrive parfois que les hommes soient dépassés par ce qui survient dans « l'ordinaire » de leurs relations : dans les moments où ils sortent de leur carapace et s'ouvrent aux autres, lorsque leur solitude est brisée, lorsqu'ils

---

14. Actes des Apôtres 28,15 (libre traduction de l'auteur, retraduite en français). Le texte dit : « De là [...] vinrent à notre rencontre [...] les frères qui avaient entendu parler de nous. Paul, en les voyant, rendit grâces à Dieu, et prit courage » (version Louis Segond, Nouvelle édition revue, avec parallèles, 1910).

partagent un même chagrin. Et si l'on pouvait déceler Dieu quelque part, où serait-ce, sinon dans la sensibilité aux autres êtres vivants, dans ce qui rapproche les hommes ?

Dieu sans les hommes

Il ne peut donc être question de Dieu, s'il n'est pas question de vous ou moi.

Mais faut-il qu'il soit aussi nécessairement question de vous *et* de moi ? Harry Kuitert et le père Jan Van Kilsdonk, entre autres, le laissent penser en affirmant que Dieu « se » révèle dans la personne de l'autre, ou qu'il « jaillit » pour ainsi dire des rapports entre les hommes. Ce à quoi vient s'ajouter parfois l'idée qu'on ne peut parler de Dieu que lorsque quelqu'un se sent interpellé par la détresse et le dénuement de l'autre.

Ainsi, Harry Kuitert écrit-il qu'il ne peut se rappeler que d'une seule expérience satisfaisant à ces conditions : « L'appel au secours d'un homme qui s'est trouvé sur mon chemin. » C'est dans cette situation, et seulement dans cette situation [15], que cela vous arrive. Autrement dit : Dieu se produit quand des êtres humains se rencontrent, toute espèce d'intrusion venue d'en haut étant exclue. Je ne vois, quant à moi, rien à objecter à cela.

Il en va de même dans ce que je lis sous la plume du père Jan Van Kilsdonk : « Lorsque je regarde autrui, ou plutôt, lorsqu'autrui me regarde [...], si son regard est en quête de quelque reconnaissance, d'un petit service – pour peu qu'il se rapporte à sa condition d'homme dans ce qu'elle a de plus profond – ce regard est alors un appel irrésistible ou, pour mieux dire, inéluctable ;

---

15. Harry KUITERT, *Voor een tijd een plaats van God* [*Pour un temps une place de Dieu*], Baarn, Ten Have, 2002. Comme je tiens à éviter l'emploi du mot « transcendance », je cite librement. Kuitert écrit littéralement : « Nous sentir interpellés par des hommes et des femmes qui ont besoin de nous, c'est éprouver la force de la transcendance. Dans et seulement dans cette situation, c'est la transcendance qui nous saute à la figure. »

ce regard me parvient tel un impératif absolu. Et plus je me ferme et me détourne de cet appel, plus je me sens étranger à ma propre humanité. Ce regard est le lieu où Dieu se révèle. Dieu n'est nulle part ailleurs. Le chercher en un autre lieu, quel qu'il soit, constitue un faux-fuyant, une échappatoire, une forme d'insensibilité. »[16]

Ces deux auteurs règlent ainsi définitivement son compte à toute espèce de sous-entendu accréditant l'idée d'un être surnaturel. Aucun mystère ne se cache derrière notre existence. Parfaitement d'accord. Mais là où Kuitert et Van Kilsdonk mettent un point, il y a chez moi une virgule. Il n'y a rien de caché derrière notre existence, *virgule*, car c'est notre existence qui est elle-même un mystère. Et, à mon avis, tous deux minimisent largement cet aspect. Ils ramènent la religion à un simple appel, tout comme ils réduisent Dieu à l'appel ou au regard de l'autre.

Je n'entends pas retrancher quoi que ce soit à cette perspective – outre qu'elle correspond à ce que j'appelle la dimension verticale des rapports humains horizontaux, elle souligne que Dieu n'« est » pas ou n'« existe » pas mais devra sans cesse s'avérer être – mais j'entends ici la compléter. Le « seulement dans cette situation » et le « nulle part ailleurs » sont à mes yeux trop restrictifs et demandent à être élargis. Je préfère laisser ouverte la possibilité d'une expérience de Dieu où aucun mot n'intervient, et dans laquelle le regard d'autrui n'est pas directement impliqué. En conséquence, je ne suis pas nécessairement rebuté par les expériences religieuses que je rencontre dans les livres des mystiques, ou qui me sont rapportées par les passionnés de Bach. Et j'ai entendu beaucoup trop de choses pour ne pas être réceptif à des récits auxquels je ne puis réagir que par le silence.

Si quelqu'un dit : « La nuit qui a précédé l'opération, je me suis senti rassuré, j'avais l'impression qu'une voix me parlait »,

---

16. Jan Van Kilsdonk, *Gezegend de onzienlijke* [*Béni soit l'invisible*], Kok Agora, Kampen, 1988, pp. 180-181.

je n'ai aucun commentaire à faire. Apprécier dans quelle mesure l'expérience d'autrui est expérience de Dieu dépasse mes compétences théologiques. Ma petite échelle est parfois trop courte pour expliquer comment, par exemple, un sentiment de sécurité, ou celui d'une présence à nos côtés, peut être plus fort que la peur ou l'inquiétude.

Si quelqu'un dit : « Monsieur le Pasteur, je suis heureux de croire comme je crois, c'est un tel soutien pour moi », toute autre réponse qu'un « amen » sincère me paraît plus déplacée qu'adéquate. Et je conseille aux soi-disant connaisseurs qui expliquent que de telles effusions sont l'expression d'une autosuggestion déterminée ou non par les neurones, d'aller passer une journée dans un parc d'attractions.

Nous voici parvenus aux confins du territoire où la parole de l'un peut parler pour l'autre. Et là où il n'y a plus de mots, il n'y a plus du tout de réponses.

Dieu comme réponse

Il n'y a que les questions sans intérêt qui ont une réponse définitive[1].

On prétend que les religions sont, depuis des temps immémoriaux, des tentatives pour apporter une réponse aux questions existentielles de l'homme. C'est juste, dans la mesure où cela montre clairement que la religion est œuvre humaine : ces réponses sont fournies par l'homme. Mais il me semble que dire cela est un peu présomptueux et discutable d'un point de vue logique : on peut toujours tenter quelque chose, mais ce n'est pas pour rien que les questions existentielles sont des « questions ». Et l'on n'entend jamais parler de « réponses existentielles »[2]. Les questions existentielles ou vitales ne peuvent

1. Eric-Emmanuel SCHMITT, *Oscar et la dame rose*, Paris, Albin Michel, 2002, p. 91.

2. La langue néerlandaise dispose d'un mot composé, *levensvragen*, (que les dictionnaires traduisent par « question vitale », « de vie ou de mort », mais qui renvoie ici plutôt à la notion de question « existentielle » ou « métaphysique »), là où le français doit recourir à une combinaison du type *substantif + adjectif.* Cette remarque linguistique a son importance puisque l'auteur souligne que si *levensvragen* figure bien parmi les entrées du dictionnaire Van Dale de la langue néerlandaise, le vocable *antwoordvragen*, qui pourrait lui faire pendant (au sens de « réponse vitale », « existentielle »), constitue, en revanche, un néologisme et n'a donc, quant à lui, pas sa place

qu'être vécues. Et plutôt qu'« affirmer » ou « répondre », ce sont des verbes tels que « chercher » ou « tâtonner » qu'il convient de leur associer.

Pourquoi ce qui est existe-t-il, et quel est son sens ? Pourquoi suis-je là, qui suis-je au juste, pourquoi est-ce que je vis et qu'est-ce qui me fait vivre ? Qu'est-ce qui me rend heureux ou ne me rend pas heureux ? Tout homme, qu'il se considère ou non comme croyant, se pose ces questions et cherche à quoi raccrocher son existence dans un monde confus et parfois menaçant. Qu'en est-il de notre rapport aux déceptions, à l'amour, à la mort, aux autres ? Que peut-on croire, espérer, chérir dans ce monde ? Et en quoi cela regarde-t-il Dieu ? Cultes et religions ont leur origine dans toutes ces questions, qu'elles ne feront jamais que ressasser.

C'est pourquoi il n'est jamais facile non plus de croire, tant est grande la marge d'incertitude, de doute ou de vide à laquelle nous sommes sans cesse confrontés. Je n'entends pas affirmer par là que « tant qu'on ne sait pas, il n'y a pas de problème », mais, en prenant les choses dans l'autre sens, que « lorsqu'on croit savoir, on a tout faux ». Ou qu'il y a un os, en tout état de cause.

La foi inébranlable et joyeuse que nous présentent certains milieux où l'on déborde d'entrain n'est tout au plus qu'une face de la médaille. Pour la plupart des gens, croire consiste en autre chose qu'à disposer d'un lot de certitudes ou d'un ensemble de vérités. Croire ne change rien à la confusion sous laquelle nous apparaît notre existence.

Le risque d'une foi adulte est justement là : il n'y a pas de nouvelles évidences pour remplacer celles qui ont disparu. Et la

---

parmi les entrées d'un dictionnaire. Cette « argumentation » linguistique perd quelque peu de son efficacité s'agissant du français, puisque notre langue ne nous offre, dans un cas comme dans l'autre, pas de mot « tout prêt », enregistré comme tel dans un dictionnaire. Nous adaptons donc notre traduction à la « réalité » de notre langue. Par ailleurs, si nous évitons ici l'emploi du mot « métaphysique », c'est parce que l'auteur fait figurer ce mot dans l'index des termes qu'il se refuse, par principe, à utiliser (voir note 4, p. 27 et appendice en fin d'ouvrage). [N.d.T.]

confiance que nous manifestons se voit assez souvent contestée et mise à l'épreuve. Il nous faut à chaque fois reprendre le dessus sur nos doutes, sur les « à quoi bon ? », ou les « n'est-ce pas purement et simplement une illusion ? ». Rester fidèle à son être intime, à ce que l'on a expérimenté ou vécu dans les meilleurs moments, n'a rien d'évident pour qui que ce soit.

Croire, c'est aussi, voire peut-être surtout, supporter les points d'interrogation, les affronter, et avoir le courage de faire avec l'incertitude et l'indétermination. Peut-être faut-il, pour se mettre à croire, avoir d'abord renoncé aux réponses. Pourquoi dois-je aller à l'école, me laver les dents, pourquoi dois-je croire en Dieu ? Parce que mes parents et la maîtresse me le disent. Mais, lorsque, devenant adulte, nous nous mettons à la recherche de ce qui nous agrée, il y a fort peu de chances que cela corresponde à ce que nous nous sommes entendu dire par nos parents.

Que croire puisse être lié d'une quelconque manière à l'obtention de réponses à des questions résulte d'une erreur qui remonte à l'époque où nous fréquentions le catéchisme. Désolé pour ce dernier, mais croire c'est précisément avoir découvert que ça ne se passe pas comme on nous l'a inculqué, et que les réponses nous éloignent peut-être davantage de Dieu que les questions. Ou, en prenant les choses par l'autre bout : qu'il se peut que Dieu s'approche davantage de nous dans le questionnement qu'à travers les affirmations catégoriques ou les prétendues vérités.

Personne ne sait de quoi la vie est faite et ce que Dieu vient y faire. Vivre, c'est de toute manière être confronté à des points d'interrogation. Les réponses ne sont que trop souvent des formules incantatoires. Les questions que la vie laisse ouvertes ne peuvent pas trouver de réponse, fût-ce en recourant à Dieu.

Adam, où es-tu ? [3]

Dieu n'est donc en rien une réponse.

« Pourquoi, mon Dieu, pourquoi ? » C'est la dernière question que pose Jésus. Mais aucune réponse ne vient. Jésus meurt une question aux lèvres. « Mon Dieu, mon Dieu pourquoi m'as-tu abandonné ? » [4] Dieu ne donne pas de réponse. Eh non ! Le Dieu qui pourrait répondre n'existe pas. Et le Dieu en lequel nous aimerions peut-être croire n'a rien à dire ici.

Dieu est devenu lui-même question. Il n'est pas la réponse à nos questions, mais la question qui appelle de notre part une réponse. Sommes-nous capables de tirer notre espoir et notre confiance des expériences de notre vie, et de ce dont nous l'avons remplie ? Tout dépend, en fin de compte, de notre réponse à cette question. Nous sommes-nous montrés à même d'affronter la vie, et pour finir, la mort, avec le contenu de notre sac à dos ? Une telle réponse ne se *donne pas*, elle se *vit*.

Croire, c'est être convaincu que la vie exige quelque chose de nous, et que si une réponse est possible, nous sommes nous-mêmes cette réponse. Autrement dit : il n'y a jamais un point derrière Dieu, mais une virgule. Et derrière cette virgule, il y a vous. Il y a nous.

3. Traduction de l'auteur, d'après Genèse 3,9.
4. Marc 15,34. [N.d.T.]

III.

ATHÉE ET PASTEUR : COMMENT S'Y PRENDRE ?

Si Dieu n'existe pas, qu'avez-vous à dire de lui en tant que « serviteur de la parole divine » ? La question m'est souvent posée. Comment vous y prenez-vous durant les cultes, quel usage faites-vous de la Bible, de la liturgie, de la prière ? Et puisque vous vous inscrivez, tout compte fait, dans une tradition chrétienne, comment vous situez-vous en son sein ? Comment réagissez-vous au fait que tout le monde, dans votre paroisse, ne partage pas votre façon de penser ? Comment vous comportez-vous face à la maladie, à la mort, comment pouvez-vous apporter réconfort et consolation ? Et – c'est la question la plus fréquente : qu'est-ce que vous faites dans l'Eglise, pourquoi n'en sortez-vous pas ?

Dans le présent chapitre, je vais tenter de répondre à ces questions. Pour cela, je commencerai par me faire mieux connaître du lecteur, de façon à éclairer les motifs qui m'animent. Après quoi j'en viendrai respectivement à ce qu'on dit de Dieu, à ce que dit Dieu, et à ce qu'on dit à Dieu.

Dans les cultes que je préside, il est toujours question de Dieu. Mais ce n'est pas un point de départ. Commencer par Dieu est tout aussi abstrait et vain qu'amorcer une conversation en parlant de « la vie » en général. Je procède, pour ma part, de façon inverse, en partant de la vie des autres et de ma vie. Peut-être sera-t-il « question » de Dieu à cette occasion. Autrement dit : dans ce qui advient aux hommes et entre les hommes, Dieu peut « avoir la parole ». Cette démarche à rebours s'applique aussi à la Bible : l'explication d'un récit biblique n'est jamais, pour moi, un point de départ. Lorsque j'entends quelqu'un d'autre s'y livrer, je trouve en général la chose ennuyeuse, et l'on ne m'avance pas à grand-chose en m'apportant une fois de plus des lumières sur un lointain passé. Non ; je me plais à aller à contre-fil : lorsqu'il est question de Dieu au présent, me voilà ramené automatiquement à ce qu'on disait de lui dans les temps anciens et à la façon dont il a alors « eu la parole ». La Bible se présente alors pour ainsi dire d'elle-même à moi.

J'en viens ainsi à ce que Dieu dit de lui-même. Dans de nombreux passages de la Bible, il est écrit : « Dieu dit ». Pour qui entend soutenir que Dieu n'existe pas, une traduction de cette formule s'impose. C'est en m'appuyant sur la notion de « révélation » que je la fournis. On a affaire ici, comme c'est le cas pour tous les propos contenus dans la Bible ou tenus sur elle, à un langage humain : Dieu n'a jamais parlé, ce sont les hommes qui ont parlé et qui parlent de lui. Ce qui n'est possible qu'avec les mots ordinaires de la vie quotidienne, et conduit à s'exprimer de façon symbolique à son sujet. Et, puisque les hommes sont des personnes, de façon nécessairement « personnelle ». C'est là tout autre chose que de voir en Dieu une personne.

Se pose alors le problème le plus épineux : celui du « parler avec Dieu ». Dieu n'existant pas, et n'étant par conséquent pas une personne, vers quoi diriger dès lors nos prières ? Vers rien, en fait. Je préférerais proscrire le verbe « prier » puisqu'il est, dans son sens usuel, indissociablement lié à l'idée d'un Dieu conçu, à tout le moins, comme « personne qui écoute ». Mais sans lui, il devient extrêmement compliqué de dire quoi que ce soit de la prière. Dans ce conflit, j'inclus aussi prière intérieure, prière d'intercession et Notre Père. Je cherche à donner d'autres formes et une autre teneur à ce qu'on entend généralement par « prier ». Et avant tout, ou en fin de compte, je suis en quête d'autres mots, d'un langage qui ne puisse se comprendre que de façon littérale.

Pour finir : un pasteur, outre sa fonction d'officiant, est aussi en charge d'une paroisse ; c'est, autrement dit, un « berger ». Les associations au nomadisme attachées à ce mot suffisent à mes yeux à le rendre inutilisable à notre époque, mais je reste jusqu'à présent fidèle à l'usage qui prévaut [1]. Dans l'exercice de mes charges paroissiales, le contexte est différent : je ne suis pas en position de locuteur, mais d'auditeur ou d'interlocuteur. Sur ce plan, j'entends agir sans me retrancher derrière une fonction, être simplement Klaas, un Monsieur Tout-le-Monde [2], de préférence. Bien sûr, si je n'étais que Klaas, sans être aussi pasteur, on ne ferait pas appel à moi. Mais je m'efforce d'éviter tout ce qui pourrait donner à penser que je suis un pasteur flanqué de son vade-mecum, ou détenant des réponses. C'est pourquoi, je n'ai, en dehors de mes lunettes, aucun bagage. Et pas de Bible non plus.

A quoi visent au juste les efforts que je déploie ? A ne pas conforter une forme d'attente à laquelle un pasteur ne saurait répondre. Une question telle que : « Etes-vous capable d'apporter la consolation ? » contient par elle-même cette attente. Comme si un pasteur « disposait » de quelque chose, ou avait quelque chose à proposer « de la part de... ». Quiconque sait ce qu'est la peine, sait aussi que personne ne peut la dissiper ; elle est là. On peut la « partager » et peut-être la porter un peu avec

1. Notre mot « berger » ne s'applique qu'au sens figuré à un prêtre ou un pasteur, et est même perçu, dans cet emploi, comme un terme métaphorique renvoyant en dernière instance aux images bibliques du « Bon Berger ». En néerlandais, *herder* renvoie, entre autres sens, mais de façon littérale, au prêtre ou au pasteur tout en dérivant, bien sûr, de la même image biblique. Le mot est de ce fait beaucoup plus fréquent et naturel qu'en français dans cet usage. [N.d.T.]

2. Klaas est aussi en néerlandais un nom commun qui dans le langage familier signifie : « individu, type, mec ». Le prénom Klaas entre par ailleurs dans l'expression commune *Jan, Piet en Klaas*, qui sert à désigner le Néerlandais moyen, notre Monsieur Tout-le-Monde. [N.d.T.]

celui qu'elle affecte. Consoler c'est avant tout laisser s'exprimer la peine et la prendre au sérieux. Ce qui requiert présence humaine et proximité. Sur ce plan, rien ne me différencie de qui que ce soit d'autre, et c'est ce que j'entends signifier en me revendiquant comme « Klaas »[3]. Le contexte est différent, le point de départ identique : Dieu est ou n'est pas évoqué. D'après mon expérience des visites, les questions se rapportant à la théologie restent marginales. Posées sous des formes telles que « qu'entendez-vous par… » ou « que veut dire… », elles ne constituent pas un sujet de discussion en soi. Ce n'est pas Dieu qui est à l'ordre du jour, mais la vie de cet autre. L'idée que, fort de mes connaissances bibliques, je pourrais mettre en résonance les récits de vie des gens et des récits de la Bible me paraît relever de la manie littéraire. Et c'est risqué : qui suis-je pour engager autrui dans une telle voie ? Et pour aboutir à quoi ? A la consolation ?

Mais bon ! Je devais donner des réponses et voilà que je pose des questions. Au bout du compte, je préciserai mes vues sur la question de la consolation dans mon développement sur « Dieu et la mort ».

---

3. Voir note précédente. [N.d.T.]

Faisons plus ample connaissance

Ma prise de contact avec le lecteur, au début de ce livre, se refermait sur l'évocation de mes débuts comme pasteur dans la paroisse libérale de Zierikzee et la communauté de la Koorkerk, à Middelburg. D'emblée, je me suis trouvé là comme chez moi, et j'ai disposé d'une grande latitude pour « faire les choses autrement ». Dans le paysage ecclésial environnant, j'ai toujours fait figure d'« étranger à Jérusalem ». En 1984, j'ai pris part pour la première fois à une assemblée consistoriale [1]. Cette première fois a aussi été la dernière ; depuis lors, je suis « absent par notification tacite », avec le soutien de mes paroisses.

Comme pasteur, j'ai été et je suis, dans une large mesure, un bricoleur ; ceci bien malgré moi. La documentation dont peut disposer celui qui ne croit pas en l'existence de Dieu est minime, voire inexistante. J'ai, quant à moi, cherché et trouvé mon bien dans des milieux catholiques, ai lié connaissance avec quelques prêtres et suis devenu un bon client des éditions Gooi & Sticht [2]. Tandis que je poursuivais cette quête, j'ai pris part, à Deventer, à un week-end pascal dirigé par le père jésuite Loed Loosen. J'ai

---

1. Le consistoire assure la liaison entre les communautés d'une même région.

2. Editeur catholique néerlandais chez qui ont été publiés, après le concile de Vatican II, des textes de théologiens ou prêtres progressistes. [N.d.T.]

entendu là quelqu'un exprimer ce que je ressentais et ce que je pensais comme je n'en étais moi-même pas capable : de façon subtile, avec piété et sobriété (me reviennent sans cesse à l'esprit des premiers mots qu'il prononça, le jour du Vendredi Saint : « Le meurtre d'un homme innocent ne peut aboutir à rien de bon. ») Une longue relation, somme toute amicale, prit forme. Je me souviens avec un profond respect de la capacité de résistance dont il faisait preuve face au déchirement entre « Rome » et le milieu dans lequel il vivait. Il en souffrait, il luttait contre, et restait debout. C'est avant tout comme théologien, mais pas seulement en tant que tel, qu'il a contribué à faire de moi ce que je suis. Ceux qui l'ont connu, percevront çà et là son « écho » dans ce livre, le verront sourire et – j'en ai bien peur – secouer la tête.

En attendant, je ne parvenais qu'avec difficulté à tisser des liens au sein de mon propre entourage. Furetant dans les milieux organisés du tolérantisme, j'étais surpris de constater qu'entre la Confédération protestante néerlandaise de l'époque, les Frères Remontrants, et l'Union des réformés libéraux, il n'y avait, au fond, que bien peu de différences. Tous occupaient pratiquement leur temps à réfléchir sur leur propre identité – processus qui, d'ailleurs, n'a pour autant que je sache, pas encore pris fin –, ce qui excluait par avance toute espèce de rapprochement. En 1986, je fis part de mon étonnement dans une lettre ouverte aux instances dirigeantes de ces différentes confessions, intitulée « Bonnet blanc et blanc bonnet, seule l'étiquette varie », où je préconisais atomisation et fusion. Les réactions revenaient en substance à dire : « On voit bien que tu sors du monde de l'entreprise, il te reste à comprendre qu'ici ça se passe d'une tout autre façon. » Entre-temps, j'ai compris : dans une entreprise, les gens ne sont en général pas accrochés à leur siège.

J'ai le souvenir d'un « jeu de position » organisé durant une réunion de pasteurs libéraux. Les participants étaient invités à aller se placer près de l'un des trois « points de vue » formulés sur de grandes feuilles blanches disposées sur le sol. Trois groupes se constituèrent. J'étais seul, près de la porte.

La question qui se posait alors à moi est toujours là : est-ce que j'en suis ? Est-ce que je désire en être ? Oui et non. Oui au travail de pasteur dans une paroisse, non à une institution qu'on n'arrive pas à faire progresser. Je ne puis à vrai dire expliquer ce « oui » que d'une seule manière : à mon réveil, le matin, c'est toujours : « Je vais pouvoir m'y remettre », et pas : « Il va falloir que je m'y remette ».

Et « ça marche ». Dans les paroisses dont j'ai la charge, je suis parvenu et je parviens à signifier quelque chose pour les gens. Surtout pour ceux qui ont du mal à accepter le mode d'inculcation qu'ils ont connu jadis, sans envisager pour autant de sortir de l'Eglise. Ils aspirent bien souvent au changement, et sont ouverts aux « pas besoin de s'y prendre ainsi, on va peut-être aussi y arriver comme ça ». J'ai découvert que les chercheurs de sens n'étaient pas en quête de réponses ; que des réponses qu'ils n'auraient pas été en situation de trouver par eux-mêmes n'aidaient pas les gens. Donc davantage de questions que de réponses ; et ça marche.

Ça me réussit aussi. Les choses n'étaient et ne sont pas toujours faciles. Et c'est seulement au moment décisif qu'on voit si ça fonctionne. Un pasteur est aussi un homme, et un croyant. Mais il est voué, de fait, à se trouver corseté dans une fonction d'exemplarité, à servir de cible à toutes sortes de projections, et à constituer une proie de choix pour les mauvaises langues. Ce qui, à la faveur de problèmes de vie privée, ou – pour ce qui me concerne – de complications sur le plan relationnel, peut prendre des proportions humainement intolérables. On peut notamment se sentir oppressé par le sentiment que « tout le monde à son opinion mais ne l'exprime pas ». La réponse adéquate ne consiste pas à se « blinder ». Si ce n'est pour tenir le coup, peut-être, mais pas pour être à même de fonctionner en tant que pasteur ; l'âme d'autrui vous devient inaccessible si la vôtre a des durillons. Dieu a beau ne pas exister, toujours est-il que dans les périodes difficiles, il s'est pointé à pas mal de reprises sur le pas de ma porte. De temps à autre avec des fleurs, quelquefois pour mettre une petite carte dans la boîte à lettres, ou pour demander s'il y avait du café. Si j'ai pu ressentir ce sentiment auquel j'ai donné, précédemment, le nom de « dépendance adulte », c'est bien dans ces occasions.

Lorsque, couché, le soir, je remonte le fil de la journée écoulée, ma pensée me ramène souvent à Exode 33, au récit dans lequel il est donné à Moïse de voir Dieu « par-derrière ». Et, presque toujours, je puis affirmer : « Oui, aujourd'hui c'est aussi ce qui s'est passé. » Il n'y a eu aucun moment où j'ai pu dire : « Dieu est ici », mais il était là. Et en me réveillant le matin, je table un peu sur le fait qu'il va en être à nouveau de même pendant la journée. Cela ne se produit pas tous les jours, mais assez souvent pour y compter, pour y croire. Où trouverais-je, sinon, le courage de rentrer « sans bagage » dans un hôpital ou dans une maison mortuaire ? « Va, et j'irai avec toi. »

Le travail au sein de la paroisse a toujours été et est resté pour moi une source de joie. « Faire bouger de l'intérieur » le langage habituel, les rituels, les évidences non interrogées me va comme un gant. Certains, considérant qu'il s'agissait là d'une entreprise de démolition, sont partis. Ça a été pour eux le coup de pouce ultime. C'est triste, mais s'ils ont trouvé de la sorte une aide pour prendre congé de façon satisfaisante, cela a du sens.

Une grande partie de mon « groupe cible » est constituée – pour parler irrespectueusement – de « transfuges » : des hommes et des femmes venant d'autres Eglises, dans lesquelles ils ne trouvaient plus leur voie. C'est aussi ma façon de me préoccuper de l'avenir. Ce groupe est en voie d'extinction et la génération suivante ne prend pas la relève : les enfants de la plupart des fidèles ne fréquentent pas l'église. J'ai rarement vu, durant toutes ces années, des gens sans appartenance religieuse venir manifester leur intérêt pour ce qui se passait dans l'Eglise. C'est parfois bien frustrant : pour trouver du sens, les hommes vont partout, hormis dans les églises. Mais je ne leur donne pas tort. Parmi mes paroissiens, une amie qui m'était chère, enlevée à la vie bien trop tôt, m'a souvent demandé, avant sa mort : « Si tu n'étais pas pasteur, irais-tu au temple ? » Comme j'ai déjà raconté cela un jour dans ma paroisse sans dévoiler la réponse que j'avais donnée, je ne la dévoilerai pas plus ici. Toujours est-il que je n'ai pas dit « oui ». Je m'efforce, avec une fortune variable, de transmettre ma conviction que si l'Eglise refuse de changer, elle n'a plus qu'à fermer ses portes. En ayant souvent l'impression que je prêche alors dans le désert. Mais je ne baisse pas les bras. Un changement est possible, et je me le représente déjà : l'Eglise comme lieu offrant aux hommes en quête de sens de quoi chercher. Le fait que ce soit là un rêve que j'ai bien peur de ne pas voir moi-même se réaliser ne m'empêche pas de continuer à y aspirer. Car j'y crois.

Ce qu'on dit de Dieu – imagination

Tout ce qu'on dit de l'en haut vient d'en bas[1].

Parler de Dieu incombe à la théologie, qui est la science (*logos*) de Dieu (*théos*). Aussi commence-t-elle avec Dieu. Le piège est là, d'entrée de jeu : lorsqu'on commence par le haut, on n'est pas sûr d'arriver en bas et l'on court le risque de rester suspendu en l'air, enfermé dans un langage incompréhensible au commun des mortels. Et presque toute la théologie – y compris celle d'aujourd'hui – tombe dans ce piège, parce que (l'existence de) Dieu y est pris(e) comme point de départ.

La théologie opère au moyen de ce qu'on nomme des « conceptions de Dieu » : autant de tentatives pour comprendre ce qu'est Dieu et l'exprimer ensuite par des concepts. De là, des termes tels qu'« omniprésent », « éternel », « tout-puissant » et « increé ». Ce sont des abstractions qui ont été détachées des expériences premières, et dans lesquelles toute charge émotionnelle a disparu. Il suffit d'observer, par comparaison, les mots qui qualifient Dieu dans les vieux récits bibliques : « fidèle »,

1. Harry KUITERT, *Zonder geloof vaart niemand wel : Een plaatsbepaling van christendom en kerk* [*Personne ne se porte bien sans croire : situation du christianisme et de l'Eglise*], Baarn, Ten Have, 1974.

« fort », « libérateur », « bouclier », « rocher », pour percevoir combien ils restent, quant à eux, liés à l'expérience originelle. C'est pourquoi les théologiens auront beau tout nous révéler de l'éternité et de l'omniprésence, personne ne se sentira touché dans sa sensibilité. Ce qui revient à dire qu'il peut être question de toutes sortes de choses en théologie, sauf de Dieu. Aussi préféré-je dévier le mouvement : commencer en bas et y rester. Ne pas partir de Dieu donc, mais de vous et moi, de la vie et des expériences des gens quelconques, et voir si l'on peut aboutir au Dieu de ces gens-là.

Théologie négative

C'est aussi le point de vue de la théologie dite « négative », qui part du principe que les concepts n'ont aucune prise sur Dieu. Toutes les notions que nous concevons représentent en effet des choses que nous connaissons, que nous pouvons voir ou sentir, et Dieu est, à cet égard, insaisissable, inconnaissable, et trop différent pour être défini par des mots. Voilà pourquoi mieux vaut se contenter d'exprimer ce que Dieu n'est pas.

Le texte biblique fournit beaucoup d'arguments allant dans ce sens. Les récits anciens, qui pour la plupart ont été écrits bien des siècles après ce qu'ils rapportent, témoignent de l'existence d'une expérience religieuse longuement mise à l'épreuve. Ils montrent que les hommes ne savent jamais ce qu'il en est, mais découvrent chemin faisant ce qu'il en était. C'est aussi ce que nous pouvons constater pour peu que nous parcourions l'histoire de notre propre vie : nous découvrons peu à peu ce qu'il en était, sans jamais savoir ce qu'il en est. Et, chemin faisant, il apparaît clairement qu'on ne peut, au fond, rien dire de Dieu. Reportons-nous aux Dix commandements : « Tu ne te feras point d'image taillée, ni de représentation quelconque [...], tu ne prendras point le nom de l'Eternel, ton Dieu, en vain », etc. Tous ces commandements – en fait, ces expériences, assimilées, puis formulées – vont dans le même sens : débarrasser l'homme de l'idée que Dieu pourrait être appréhendé à l'aide de concepts ou de mots.

Un petit exercice de théologie négative portant sur l'image qu'il se fait de Dieu – un peu à l'instar de ces contrôles techniques périodiques imposés aux véhicules – peut être profitable à chacun. Considérez ce qu'est Dieu pour vous, et dépouillez-le de toutes les associations verbales encore imprégnées des relents qui évoquent le Créateur ou le Très-Haut, telles que « source originaire de toute vie » ; de tous les termes inventés par les théologiens pour le définir, comme « omniprésent » ; de toutes les expressions comportant un « est », qui le fixe et l'immobilise ; de tout ce que votre intelligence n'estime pas tout à fait adéquat, comme l'idée selon laquelle il aurait à voir avec « je-ne-sais-quoi de supérieur » ; de tout ce qui a trait, exclusivement ou non, à lui, sans considération pour les expériences que font les hommes. Il se pourrait bien que, de Dieu, vous conserviez ainsi davantage que ce que vous n'aviez au départ.

Je ne souscris pas pour autant à la conclusion que tire la théologie négative : plus l'on sait ce que Dieu n'est pas, plus on connaît Dieu. Je dirais plutôt : plus l'on sait ce que Dieu n'est pas, moins l'on est gêné sur la voie qui conduit vers lui. Ce constat correspond d'ailleurs à votre expérience, comme à la mienne. Car songeons-y : ce n'est que lorsque tout se dérobe sous nos pas que nous pouvons constater qu'il y a encore un fond pour nous retenir. C'est seulement en acceptant notre incapacité foncière à faire quoi que ce soit pour autrui, que nous pouvons peut-être faire quelque chose pour lui. Ce n'est qu'en admettant que nous n'avons rien à dire au chevet d'un mourant que nous pouvons peut-être signifier quelque chose.

Sommes-nous alors en chemin vers Dieu ? Et comment !

Quelquechosisme

> *Par un jour tout frais éclos de printemps (...) la guêpe dit : « Je n'ai pas lieu de me plaindre. De quoi que ce soit. La question n'est pas là. Mais une chose me contrarie. » « Quoi donc ? » fit le scarabée. « Je ne sais pas », répondit la guêpe. « Je n'arrête pas d'y penser, et je sais pertinemment que c'est quelque chose. Mais j'ignore quoi. » « Je ne le sais pas non plus », dit le scarabée*[2].

Ce qu'on appelle le « quelquechosisme » (dont il a déjà été question précédemment[3]) peut être considéré comme une variante contemporaine de la théologie négative : Dieu n'est même plus appelé Dieu, mais « quelque chose ». En traduisant leur point de vue ainsi, je ne rends pas justice à tous les quelquechosistes. Mais j'ai avant tout en vue le groupe nombreux de ceux qui, ayant déserté les Eglises, cherchent à se débarrasser d'un Dieu peu crédible, sans renoncer à leur foi. Pour eux « quelque chose » signifie : « autrefois Dieu ».

Sur le phénomène du quelquechosisme, les débats sont légion. La critique est beaucoup plus fréquente (c'est de l'à-peu-près, du flou, de la paresse intellectuelle, une croyance sentimentale stupide, un ferment de paganisme) que la prise en considération. C'est tout juste si l'on se pose des questions : pourquoi les quelquechosistes ne se revendiquent-ils pas comme « athées » ou

---

2. Toon TELLEGEN, *Misschien wisten ze alles* [*Et s'ils savaient tout ?*], Amsterdam, Querido, 1999, p. 166. Ce livre qui réunit en un seul volume plusieurs livres pour enfants publiés antérieurement a fait l'objet d'une adaptation théâtrale en français, mais n'a pas été traduit intégralement dans notre langue. [N.d.T.]

3. Voir Chapitre premier sous le titre : « Agnostiques et quelquechosistes », pp. 46-47.

« des gens qui refusent absolument l'idée de Dieu », quelle est au juste la différence entre ce que les quelquechosistes nomment « quelque chose » et ce que d'autres appellent « Dieu », en quoi les quelquechosistes se distinguent-ils des pratiquants qui ne peuvent plus s'accommoder d'un Dieu conçu comme quelqu'un, et quelle est pour eux la solution de rechange : personne, rien ?

Les hauts responsables des Eglises ne se font pas de bile. Réagissant à une enquête d'où il ressortait que quarante pour cent des Néerlandais se revendiquaient comme « quelquechosistes », le cardinal Simonis déclarait : « Notre Seigneur devra ainsi se contenter d'être réduit à "quelque chose". » Et le conseil synodal de l'Eglise protestante néerlandaise : « Ils finiront bien par se remettre à chercher la sécurité. »[4] Probablement. Mais où ? Dans l'Eglise ?

C'est ainsi que ceux qui ont quitté l'Eglise sont gratifiés, en plus, du coup de pied de l'âne qui, effet probable d'une maladresse involontaire, n'en est pas moins douloureux. On ne sort pas de l'Eglise sans raison, sans qu'il n'y ait eu auparavant lutte intérieure et doute. Et ceux-ci n'ont pas disparu une fois que le pas à l'extérieur a été fait : les questions auxquelles les déserteurs d'Eglise n'ont pas reçu de réponses sont toujours là. C'est pourquoi ces derniers ne se revendiquent pas comme refusant systématiquement Dieu. Et l'on ferait mieux de voir dans leurs questions une invitation ou un défi à l'adresse de l'Eglise : si Dieu n'est pas « quelqu'un », qu'est-il donc ? Le « quelque chose » ne serait-il pas plus proche de « personne » ?

Puis-je me permettre de rappeler brièvement de quelle façon tout a commencé ? Il y a eu « quelque chose » ; des hommes ont fait l'expérience que ce « quelque chose » les accompagnait tout au long de leur route. Ce « quelque chose » a été dénommé « Dieu », après quoi il s'est vu affubler de tant d'oripeaux païens, d'une telle dose de toute-puissance, que presque rien n'en a subsisté. Durant ces derniers siècles, la plus grande partie

4. *Trouw* du 24 octobre 2004.

de cet accoutrement s'est délitée et il est apparu clairement qu'il n'y avait personne en dessous. Mais – et c'est en quoi les quelquechosistes ont raison – entre « personne » et « rien », il reste une marge.

Je considère les quelquechosistes comme mes alliés. Je partage leur aversion pour le langage belliqueux de l'Eglise, et je me sens apparenté à eux dans leur quête de ce « quelque » chose à même de les accompagner, d'orienter leur vie et de lui donner une perspective.

Parler en images

Dieu devient Dieu, lorsque les créatures disent : « Dieu »[5].

Jusqu'ici, j'ai systématiquement attiré l'attention sur ce qu'était, selon moi, la mauvaise façon de s'y prendre pour parler de Dieu, et sur le pourquoi de cette erreur de perspective. Mais peut-on parler aussi de Dieu de façon positive, affirmative ? Tout à fait, mais je signale d'entrée de jeu que c'est beaucoup plus facile si ce Dieu existe que s'il n'existe pas. Dans ce dernier cas, cela ne peut avoir de sens que si l'on part de l'idée que Dieu est un mot qui renvoie à des expériences humaines inexprimables, non communicables.

Tout le monde identifiera ce qu'est cet inexprimable : si nous cherchons à décrire les moments les plus sinistres que nous avons connus dans notre existence, le langage s'avère défaillant. Les rescapés des camps de guerre, les victimes d'inceste n'ont pas de mots pour représenter ce qu'ils ont vécu. Il en va de même des belles expériences : « Il n'y a plus de mots pour ce que je sens, je n'ai plus de mots pour toi. »[6]

---

5. Maître Eckhart, mystique allemand (v. 1260-1327 ?).

6. Extrait des *Liefdeliedjes* [*Chansons d'amour*], 1993, du duo vocal néerlandais *Jazzpolitie*.

Cette inexprimabilité n'exclut pas la possibilité du « parler de », mais réduit ce dernier à n'être, tout au plus, qu'une forme approximative du « renvoyer à ». Quand quelqu'un dit le mot « Dieu », il renvoie par là même à ce qu'il nomme « Dieu », sans qu'on puisse vérifier, comme je l'ai dit plus haut, qu'il s'agit là de la même chose que ce que j'entends par « Dieu ». En d'autres termes, dire « Dieu » c'est faire usage d'un mot familier qui a pour chacun d'entre nous une signification différente. Personne ne sait par conséquent ce qu'il signifie. Parler de façon sensée de Dieu ne peut donc ne se faire qu'à la première personne du singulier : « mon Dieu ». Et encore... Je ne puis dire qui ou ce qu'est mon Dieu, ou comment il est. Mais seulement comment j'en ai fait l'expérience. Dieu lui-même est pour ainsi dire hors de portée du langage qui nous est commun.

Les frontières de mon langage sont les frontières de mon monde[7].

Mais nous n'en avons pas d'autre, il n'existe pas de langage spécifique à Dieu. Nous n'avons que notre langage quotidien, la langue de Monsieur Tout-le-Monde, celle qu'on parle « chez soi ». Et c'est la seule langue dans laquelle on ait parlé de Dieu, et grâce à laquelle il est possible de le faire ; c'est aussi la langue de la Bible[8]. Bien sûr, les auteurs de la Bible avaient un « chez eux » d'un tout autre aspect ; leur conception de la vie était différente, mais le « mécanisme » était identique : ils parlaient dans une langue ordinaire de choses pour lesquelles ils n'avaient, à vrai dire, pas de mots à leur disposition. Ils faisaient comme nous. Cela s'appelle parler de Dieu « par symboles ».

---

7. Ludwig WITTGENSTEIN, *Tractatus logico-philosophicus*, Proposition 5.6, Paris, Gallimard (Tel), 1993, p. 93.

8. Je ne prends pas en considération ici la théologie. J'ai amplement montré, dans le deuxième chapitre, comment l'Eglise et la théologie avaient, en instituant leur propre Etre supérieur abstrait, quitté la voie biblique des origines.

Ce qui revient à dire, plus simplement, qu'on parle de quelque chose d'inconnu avec des mots connus. Tout ce que nous disons de Dieu, nous l'exprimons avec les mêmes mots que nous employons pour parler des affaires matérielles courantes. C'est avec les mêmes mots que nous parlons du connu et de l'inconnu.

Les choses paraissent plus complexes qu'elles ne le sont. C'est pourtant très banal : quelqu'un qui affirme que « Dieu est amour » fait exactement de même. Il emploie le seul matériau dont il dispose – les expériences qu'il a de l'amour – pour dire que ce qu'il appelle « amour », Dieu l'a, au sens absolu.

Je ne voudrais pas me montrer désagréable, mais je ne vois, tout bien considéré, dans l'expression « Dieu est amour » qui, je sais, est très usitée, pas davantage qu'un coup d'épée dans l'eau. Car l'amour n'est vraiment rien sans les hommes. En disant que « Dieu est amour », nous affirmons par conséquent que « Dieu n'est rien ». Et pourtant, telle n'est pas notre intention. Car nous essayons de traduire, au moyen du mot « Dieu », l'expérience que nous avons faite comme étant celle de l'amour.

C'est cela : « comme ». Voilà le mot qui manquait. Si nous disons que « Dieu est comme l'amour », le mot « amour » n'est plus alors utilisé comme mot visant à dire quelque chose de Dieu, mais comme image renvoyant à Dieu. Et c'est ce qu'à leur époque faisaient les auteurs de la Bible : renvoyer à un Dieu inconnu au moyen d'images familières (« berger », « roi », « père »), Dieu devenant, par là même, « communicable ». Si je dis que « Dieu est comme un berger », vous savez de quoi je veux parler, car vous savez ce que c'est qu'un berger.

Les images ne sont pas tombées du ciel. Elles sont littéralement des « tranches de vie », destinées à traduire les expériences que les hommes ont faites. Elles sont pour ainsi dire « remplies » des expériences auxquelles elles renvoient, et n'ont pas vocation à être prises à la lettre. On ne prend pas non plus au pied de la lettre quelqu'un qui dit qu'il a une gueule de bois.

Si, dans mon élan, j'omets le « comme » en vous disant que vous êtes un ange, et que je suis prêt à faire n'importe quoi pour vous, vous ne m'accompagnerez pas pour autant chez un notaire. En l'absence de ce mot, l'image se trouve déconnectée de l'expérience qui lui est sous-jacente. Si elle se rapporte à un ange, le mal n'est pas si grand, et personne ne s'avise de la prendre à la lettre. S'agissant de Dieu, l'affaire est plus sérieuse, car nombreux sont ceux qui, justement, interprètent les choses au premier degré, et transforment Dieu comme expérience en un Dieu existant. Voie sans issue.

Grâce aux images, les hommes ont évoqué leurs expériences, se les ont transmises, les ont partagées et, pour finir, les ont consignées par écrit. C'est ainsi qu'est née la Bible : un livre parlant des expériences faites par les hommes, écrit en langue imagée. Pure imagination, effectivement.

« Il ne [...] parlait point sans parabole... » [9]

« Toute foi est faite d'imaginaire », affirme Harry Kuitert. On ne lui sait pas pleinement gré de ce propos. Je ne comprends vraiment pas comment quelqu'un peut refuser d'y souscrire. Quiconque a entendu parler de Dieu s'en fait pourtant bien une « image », une « représentation mentale ». Que l'on croie ou non en son existence ne change rien à l'affaire. L'imagination humaine est, pour celui qui croit qu'il existe, un moyen d'atteindre la réalité divine; ce Dieu existant est ainsi « mis en images ». Pour celui qui ne croit pas en son existence, l'imagination permet de le créer; Dieu est alors lui-même une donnée de l'imagination humaine. Dans les deux cas, l'imagination permet de se représenter quelque chose par ce Dieu, et de pouvoir parler de lui.

Pas moyen de faire autrement. Notre rapport à ce qui nous est inconnu n'est possible que par le truchement d'une image : nous

9. Matthieu 13,34 (version Louis Segond, Nouvelle édition revue, avec parallèles, 1910).

projetons nos idées et nos sentiments relatifs à Dieu sur un écran vierge, et c'est là ce que nous nommons Dieu.

Nous ne faisons rien d'autre. Regarder un film, rêver, tomber amoureux : rien que des projections. Si je dis que vous êtes un homme sage, je projette sur vous les idées que je me fais de la sagesse. Ce n'est pas une simple lubie de ma part ; quelque chose en vous suscite cette projection.

En va-t-il de même en ce qui concerne Dieu ? Projetons-nous, sans raison, au hasard, quelque chose sur Dieu, ou y a-t-il en nous une incitation, « venant de Dieu », qui nous pousse à cette projection ? J'ai lu quelque part que « de ce mécanisme de projection qui nous est propre, il nous fallait conclure que nous avons été créés pour Dieu, que Dieu est une créature que nous fabriquons en fonction de nos souhaits et nos désirs, parce qu'il nous a ainsi faits ». Ça a dû se passer le sixième jour. Je suppose que c'est aussi ce jour-là que Dieu a créé le raisonnement circulaire.

Celui-ci ne serait-il pas le seul expédient qui reste à celui qui croit en l'existence de Dieu ? A vrai dire, croire que Dieu existe est déjà en soi un raisonnement circulaire, puisqu'il n'y a que Dieu lui-même qui puisse garantir que l'image que vous avez d'un Dieu doté d'existence est conforme à ce qu'il est, et se confond avec lui. Mais ce Dieu vous étant inconnu, il ne saurait par conséquent correspondre avec une probabilité proche de la certitude à l'image que vous vous faites de lui. C'est pourquoi il est écrit, dans les Dix commandements : « Tu ne te feras point d'image de moi. » Ceci, parce que effectivement, ça ne colle pas : votre représentation de Dieu n'est pas Dieu, votre image est dépourvue de toute réalité.

En avoir conscience aurait pu éviter bien des massacres. Nous voyons presque tous les jours ce qui se passe quand on prend les images pour le réel : des terroristes-suicides croyant que leur acte va les conduire au paradis. C'est de tout temps : les croisés chrétiens assassinaient et mouraient eux aussi dans l'espoir d'une récompense céleste. « Tu ne te feras point d'image de moi. » Non, gardons-nous-en bien, car cela peut véritablement devenir hyper-risqué. Quelques commandements plus loin, nous est, au passage, rappelé ceci : « Tu ne tueras point. »

Le doigt montre la lune; malheur à celui qui confond le doigt avec la lune[10].

Libre à nous de penser, donc, que notre projection a été suscitée par Dieu, mais cela, il faut toutefois l'avoir imaginé au préalable.

L'écrivain et poète Willem Jan Otten affirme : « La religion ne *crée* en effet pas d'autre réalité ; mais part d'une réalité située de "l'autre côté", que nous ne pouvons nous représenter que par l'imagination. »[11] Il suppose donc qu'il y *a* une autre réalité. En termes théologiques, c'est ce qu'on appelle un « saut de la foi »[12] ; dans la langue ordinaire, c'est un saut dans l'obscurité. (Je n'aurais pas dit cela si W.J. Otten avait parlé d'une autre réalité « éprouvée » et non d'une autre réalité présupposée).

On comprend que les athées formulent des critiques à ce propos : les croyants inventent n'importe quoi, leur Dieu n'est qu'illusion, absurdité, pure imagination. Du fait qu'un athée se fait lui aussi une image du Dieu en l'existence duquel il ne croit pas, il ferait mieux de ne pas qualifier d'absurdité celui des autres. Que ce dernier ne soit que « pure imagination » est par ailleurs exact. Voilà pourquoi, justement, ce n'est pas une absurdité. Inversement : si l'imagination est absente, il ne peut s'agir que d'une absurdité, car Dieu est et reste inconnu. Et pour ce qui est des illusions : qu'y a-t-il à redire à leur sujet ?

10. Vieux proverbe zen.

11. Willem Jan OTTEN, in *VolZin* (magazine religieux, éthique et philisophique néerlandais) du 20 juin 2003.

12. Nous préférons traduire ici le mot néerlandais *geloofssprong* de façon littérale. L'expression « saut de foi » ou « saut de la foi » est certes plus rare dans notre langue que celle de « saut métaphysique », mais l'emploi du mot « métaphysique » est explicitement proscrit par l'auteur. [N.d.T.]

Pourrions-nous nous en passer ? Comment, sans illusions, nouer une liaison, déménager, ou mettre des enfants au monde ?

Le propos de Kuitert tient-il encore debout pour un croyant qui n'admet pas l'existence de Dieu ? Bien sûr, mais la question consistant à se demander s'il doit y avoir une réalité qui corresponde à la représentation n'intervient pas, ou intervient d'une autre manière. J'ai soutenu dans le chapitre précédent que croire est un acte qui prend place dans la réalité de tous les jours. Au sein de celle-ci, une autre réalité peut assurément surgir, mais c'est dans la réalité de ce monde qu'il nous faut en faire l'expérience, car il n'en est pas d'autre. En d'autres termes : quelque chose d'« ordinaire » se produit ; nous l'éprouvons comme extraordinaire et nous employons le mot « Dieu » pour désigner cette expérience. Quant à savoir si le mot « Dieu » renvoie à quelque chose, il n'est pas possible de le dire par avance, il nous restera à le vérifier.

Mais si croire n'est pas pour nous sans rapport avec ce que nous avons vécu, si, dans votre vie se sont produits des événements que d'une manière ou d'une autre nous avons mis en relation avec Dieu, il ne saurait alors être question d'« illusion » au sens que les athées donnent à ce mot. Car sont en jeu dans notre imagination des aspirations réelles à une réalité possible dont nous avons aperçu quelque chose et vers laquelle nous désirons nous tourner, en laquelle nous voulons espérer et croire, et pour laquelle nous avons envie de nous bouger de notre chaise.

Subjectivité ? Oui. L'Eglise, il est vrai, n'aime pas ça, et les athées sont, pour une fois, d'accord avec elle, mais il ne peut en être autrement. L'image que nous avons de Dieu est façonnée par nos expériences, notre histoire, notre éducation, nos peurs, nos espoirs et ainsi de suite. C'est pourquoi elle est unique, autre que toutes les autres. Elle est le produit de notre propre imagination religieuse, et nous créons à travers elle une réalité à laquelle personne d'autre que nous n'a accès. La subjectivité n'est donc pas un critère d'appréciation : si, pour vous ça fonctionne, voilà la réalité, et cela me paraît plus important que de me demander si pour être fiable, votre projection a nécessairement besoin de la caution, de la garantie d'un autre – ou d'un Dieu. Ne vous avisez pas à la rendre objective, car vous feriez alors de Dieu un objet, et vous vous trouveriez ramenés à Dieu comme « être ». Et aux Dix commandements : « Tu ne te feras pas d'image de moi. » Non, tenez-vous-en à votre propre image.

Ce que dit Dieu – langage figuré

Lorsque dans la Bible, on parle de Dieu, c'est toujours par images. Même lorsqu'il est écrit que Dieu lui-même a parlé, il s'agit d'une métaphore : Dieu n'a pas de cordes vocales. La « parole » de Dieu n'est jamais qu'une façon de parler. Dans la Bible, ce sont des hommes qui s'expriment, même quand Dieu « a la parole ». Quand il est écrit « Dieu dit », il ne faut pas voir là l'annonce d'un message sonore, mais l'expression de foi d'un auteur de la Bible se représentant Dieu comme un être parlant.

Il n'est guère concevable que quelqu'un puisse s'imaginer que Dieu parle s'il ne se sent pas lui-même interpellé. « Dieu dit » signifie donc que les hommes peuvent être interpellés sans que quelque chose soit dit. Rien d'étrange ni de miraculeux à cela ; nous disons nous-mêmes qu'un film ou un livre nous interpelle. Un livre ne dit rien, mais peut avoir quelque chose à nous dire, « parler à notre imagination ». Il n'est donc pas nécessaire que quelqu'un s'adresse à nous pour que nous nous sentions interpellés. Lorsque nous disons : « Cela me parle énormément », avons-nous pour autant entendu quelque chose ? Oui, mais pas avec nos oreilles. Il en va de même avec Dieu : Dieu n'a jamais rien dit, mais il a réellement parlé. Et les hommes l'ont entendu, mais pas avec leurs oreilles.

La chose est plus ordinaire qu'il n'y paraît. Il nous arrive de dire qu'entre deux personnes, « ça fait tilt ». C'est une image :

ça fait « tilt » comme lorsqu'on entend les secousses imprimées au billard électrique, puis son arrêt.

Mais les deux êtres entre lesquels « ça fait tilt » [1] n'ont probablement rien entendu. De même, il n'y a pas non plus de moment où dire : « Voilà que j'entends la voix de Dieu. » Mais nous pourrions parfaitement affirmer que Dieu « a la parole » pour peu que quelque chose nous touche ou nous interpelle.

C'est pourquoi la Bible n'est pas non plus, par avance, la « parole de Dieu », mais un livre rempli de paroles d'humains, qui peut toucher d'autres humains au point de devenir pour eux « parole de Dieu ».

L'idée qu'il est possible d'« entendre », au sens acoustique du terme, la voix de Dieu est surtout vivace dans les courants de type piétiste [2], dans lesquels prévaut, en outre, la conviction que ce sont avant tout des antennes évangéliques ou réformées qui captent le son de la voix du Très-Haut. Il s'agit là de ce qu'on appelle « révélation », prise dans le sens d'une sorte d'intrusion venue d'en haut.

Révélation

Le mot « révélation » est source de confusion permanente. D'un côté, une Eglise affirme qu'un Dieu qui est tout-puissant

---

1. Nous substituons évidemment ici une autre métaphore à celle qui est utilisée en néerlandais et qui n'a pas d'équivalent français, tout en nous efforçant de rester dans le même champ sémantique. [N.d.T.]

2. Nous sommes obligés ici de rendre par une sorte d'approximation ce que le néerlandais exprime à l'aide d'un seul mot : l'adjectif *bevindelijk* renvoie en effet à une forme de piété calviniste spécifiquement néerlandaise, vécue dans le droit fil de la doctrine de la double prédestination (et donc sur fond d'angoisse : « Fais-je partie des élus ? »), et mettant l'accent sur l'expérience religieuse intérieure dans laquelle le croyant recherche les signes montrant qu'il se trouve sur le chemin de la grâce. Il s'agit donc là de courants de type piétiste, qui, aux Pays-Bas, se sont développés dans les grandes Eglises de la Réforme, sans nécessairement chercher à former, sous des dénominations particulières, des Eglises séparées. [N.d.T.]

peut, évidemment, se révéler, tandis que de l'autre les fidèles n'ont, bien sûr, jamais rien vu venir.

La conception traditionnelle de la révélation part de Dieu, et revient à affirmer que, d'un seul coup, quelque chose qui vient d'on ne sait où en haut descend parmi les hommes : un lecteur fondamentaliste de la Bible étaye cette conviction, entre autres, sur les récits des révélations de Dieu à Moïse et à Esaïe, et sur la théologie ecclésiale qui, dans le sillage de Karl Barth, continue à professer le *senkrecht von Oben*[3]. Mais comme je l'ai montré auparavant, cette caution repose sur l'interprétation équivoque de récits mythologiques relatifs à un être supérieur païen qui, n'existant pas, ne s'est par conséquent jamais révélé et ne se révélera jamais dans le sens où l'entendent les fondamentalistes. Inversons donc les choses : ne partons pas de Dieu et d'en haut, mais d'ici-bas et des hommes qui vivent leur vie comme elle vient, et, de ce fait, se heurtent de temps à autre à des réalités qui excèdent les mots. Dans le deuxième chapitre, j'ai évoqué comment le récit d'autrui est apte à devenir pour moi une expérience, si je me reconnais en lui. Il peut m'ouvrir les yeux ou constituer pour moi une révélation.

Peut-être vaudrait-il mieux dire, dans ces conditions, que la révélation part des hommes ? Non. La révélation ne tient pas qu'aux hommes, il lui faut quelque chose de plus, qui provienne de « l'autre côté ». Supposons par exemple que nous regardions un film. Quelque chose se passe en nous, notre gorge se serre, nous vivons une « expérience ». Cette expérience ne fait pas partie du film, elle est nôtre. Mais sans ce film elle n'aurait pas existé, c'est de « l'autre côté » qu'est d'abord venu quelque chose. C'est ainsi qu'il peut nous arriver d'être arrachés à notre petit monde par quelque chose que nous n'avons pas nous-mêmes imaginé, et de voir ceci ou cela sous

3. En allemand dans le texte. L'expression signifie littéralement « [qui vient] tout droit du ciel ». Karl Barth l'utilise pour qualifier la parole de Dieu. [N.d.T.]

un jour nouveau. Ou encore : de voir la même chose, mais d'une autre façon.

La révélation ne part donc pas des hommes, mais elle « survient », sous forme de réaction humaine à quelque chose qui ne vient pas de nous. C'est ce qui explique aussi que rien ne se produit sans nous ou sans réaction de notre part. Révélation et expérience sont indissolublement liées : une révélation dont l'accomplissement reste étranger à ceux qui s'ouvrent pour l'accueillir n'est pas une révélation.

Nos harengs, une révélation ![4]

Belle image : impossible d'y goûter sans mordre dedans ! Et si vous y avez goûté, vous allez pouvoir m'expliquer quel goût ça a et comme c'est bon. Arrêtez donc ; de toute façon je n'aime pas le hareng !

Un Dieu personnel n'est pas une personne

Et l'homme fit Dieu à son image[5].

Dans le premier chapitre de la Bible, il est écrit que « Dieu créa l'homme à son image ». J'ai déjà indiqué qu'il fallait lire cette phrase en l'inversant : les hommes ont créé des dieux. Il est logique qu'ils les aient conçus à leur image : les hommes sont, de fait, des personnes, et choisir de représenter Dieu autrement que sous l'aspect d'une personne ne va pas de soi. Dans les temps anciens, il y en avait à foison : Zeus, Wotan, Thor, Apollon, Neptune – rien que des formes humaines. Même au voisinage du peuple d'Israël, les dieux avaient l'aspect d'hommes agrandis. J'ai dit comment et pourquoi les auteurs de la Bible

4. Slogan lu dans un kiosque à poissons.
5. Libre adaptation de Genèse 1,27.

s'étaient conformés à l'usage de leur temps en matière de production d'images lorsque j'ai évoqué un Dieu qui, une fois créé, a été « affublé » de caractéristiques empruntées à d'autres divinités. Pour pouvoir soi-même entrer en concurrence avec quelqu'un, il faut, somme toute, commencer par être « quelqu'un ». Voilà qui explique le langage des auteurs de la Bible : Dieu parle, entend, se repent, est jaloux, etc.

L'Eglise a, par la suite, pris ces mots à la lettre et c'est ainsi que les hommes en sont arrivés à grandir en se représentant Dieu comme une personne. Entre-temps, Dieu a, pour la plupart des adultes, cessé d'exister de la même façon qu'autrefois ; adapté ou transformé, il s'est fait amour, bonté, ou encore amour du prochain, et ainsi de suite. Ce qui revient à dire que Dieu n'existe pas. Mais ce saut s'avère pour beaucoup de gens souvent trop important, et ce n'est pas non plus là qu'est pour moi le problème.

La question qui m'importe est celle-ci : comment peut-on renoncer à un Dieu conçu comme une personne tout en continuant à parler d'un Dieu personnel et à croire en lui ? Hélas, nos mots sont si étroits ou tellement chargés d'associations involontaires qu'il est très difficile d'expliquer comment nous pouvons employer l'adjectif « personnel » sans penser du même coup à une personne. Voilà qui devient vite abstrait. Essayez donc un peu d'expliquer à quelqu'un que vous croyez en un Dieu qui serait le fondement impersonnel de votre foi personnelle. Bonne chance !

Mais n'empêche : l'homme est une personne, et c'est pourquoi notre expérience de croyant est personnelle et nous avons affaire à un Dieu personnel. De quelque façon que nous croyions en Dieu, qu'il soit pour nous amour, esprit, force cosmique, ou que sais-je encore, c'est toujours sur un mode personnel que cela se produit.

J'ai écrit dans le chapitre précédent que Dieu ne se produisait pas sans les hommes et que croire implique un rapport à l'autre, et donc à d'autres personnes. Autrement dit : quand advient quelque chose entre les hommes, dans l'un d'eux, Dieu revêt, pour l'autre, une forme personnelle. Je ne saurais trouver illustration plus saisissante de ce phénomène que celle qu'offre dans la Bible le récit de Jacob au gué de Jabbok[6]. De l'obscurité surgit quelqu'un qui assaille Jacob : un homme, un inconnu. Ils luttent pendant toute la nuit. Par la suite, Jacob dit : « J'ai vu Dieu face à face [...] », alors qu'il n'a vu qu'un homme. Peut-on faire plus « personnel » ?

6. Genèse 32,22-32.

Ce qu'on dit à Dieu – prier

Je l'ai donc inventée... se dit-il. [...]
Un peu plus tard il entendit même son invention lui parler[1].

Si Dieu n'est pas une personne, vers quoi diriger nos prières ? Prier, n'est-ce pas alors la même chose que « communiquer avec l'image que nous nous faisons de Dieu » ? C'est ce qu'on peut dire, en effet. Grossièrement parlant, nous ne faisons dans ce cas que de nous causer à nous-mêmes. Thomése dit cela beaucoup mieux en parlant d'un « langage qui reste chez soi »[2].

Pourrait-il en être autrement ? Y a-t-il une solution de rechange ? Oui : proscrire le mot.

A parler franc, il me semble plus sincère de reconnaître purement et simplement qu'on ne saurait prier un Dieu qui n'existe pas. Libre à nous d'inventer des noms ronflants pour désigner ce qu'il est en notre pouvoir de faire, mais n'appelons pas cela prier. Car pour tout le monde, ce mot implique l'idée qu'on

1. Toon TELLEGEN, *Bijna iedereen kon omvallen* [*Presque tous pouvaient tomber*], Amsterdam, Querido, 1993.
2. P.F. THOMÉSE, *L'enfant ombre*, Paris, Actes Sud, 2004, p. 77. [*Schaduwkind*, Amsterdam, Contact, 2003, p. 64.]

entre en contact avec quelqu'un, qu'on lui adresse la parole et qu'on compte sur une réaction de sa part[3].

Ce que j'observe autour de moi, ce que je lis, m'amène, sur ce point, à une vision trop catégorique. Si je cherche à savoir quelle nuance j'ai laissé échapper, on me répond la plupart du temps qu'« existence » ou « personne » doivent être, s'agissant de Dieu, non pas pris à la lettre, mais de façon « métaphorique », comme une sorte de comparaison. Dieu n'a donc pas de véritables oreilles, mais des « métaphore(ille)s »[4], grâce auxquelles il écoute notre prière métaphorique – pour parler métaphoriquement. Ceci, qui n'est qu'à moitié sérieux, montre bien cependant dans quelles affres se débattent les théologiens qui se trouvent dos au mur et dont les réponses ne nous sont d'aucun secours, puisque les questions subsistent. Si Dieu n'est pas une personne, que reste-t-il à la prière qui puisse la distinguer d'un

3. Le dictionnaire Van Dale définit « prier » comme suit : « Parler à Dieu ou à un être que l'on vénère comme divin, seul ou en groupe, à voix haute ou non, pour le louer, lui rendre grâce ou implorer aide et soutien. » [N.d.A.]

Nous choisissons là encore (voir note 2, p. 105) de ne pas renvoyer purement et simplement à un dictionnaire de la langue française, et de traduire littéralement la note de l'auteur, tant la définition donnée par le dictionnaire néerlandais nous semble impliquer une attitude différente par rapport au vocabulaire et, au-delà, au fait religieux, de celle qu'adopte un dictionnaire de langue française. Le Grand Robert, par exemple, à la fois moins prolixe et moins synthétique, n'entre pratiquement pas dans le détail des modalités de la prière. Il définit le verbe « prier », dans son acception religieuse ainsi : « S'adresser à Dieu, à un être surnaturel. [...] Elever son âme à Dieu par la prière. [...] S'adresser à... (la divinité ou un intercesseur) par la prière. [...] Prier *pour quelqu'un* : demander pour quelqu'un l'aide, la grâce de Dieu. » [N.d.T.]

4. Nous rendons, en français, par un « mot-valise » un jeu de mots basé sur une fausse étymologie, qui, en néerlandais, est immédiatement saisissable, tant graphiquement que phonétiquement. En effet, le mot *metaforen* (« métaphores ») contient dans sa seconde moitié la totalité du matériel linguistique (*oren*) qui forme l'équivalent néerlandais de notre mot « oreilles », ce que fait ressortir d'ailleurs la graphie que l'auteur lui impose dans son texte (*metaf-oren*). Notre traduction est donc en fait littérale, mais les lettres -illes apparaissent en français comme un supplément, seul le début du mot « oreille » étant attesté dans « métaphore ». [N.d.T.]

simple monologue ? Peut-on adresser la parole à un mystère, le prier, entretenir un rapport avec un Dieu impersonnel, entrer en contact avec « quelque chose » ? En tout état de cause, prier suppose la présence quelque part d'un Dieu qui entend les prières des hommes et peut y répondre. Et cette supposition peut être prise à la lettre ou rejetée. Du catégorique, donc.

Mais proscrire ne me satisfait pas. Ma fille m'a écrit : « Tu ne crois pas à l'existence de Dieu, mais tu continues, par contre, à te servir du mot "Dieu". Peux-tu continuer à employer le verbe "prier" si tu ne crois pas que prier un Dieu qui n'existe pas ait un sens ? » [5]

Eh oui, que voulez-vous ! Ajoutez à cela qu'une récente enquête a montré que deux Néerlandais sur trois continuent à prier. Le fait qu'ils soient seulement environ un quart à se considérer comme membres d'une communauté religieuse implique nécessairement que la majorité de ceux qui prient donne à ce mot une signification personnelle, différente, et, en tout cas, non conforme à celle que lui confèrent les Eglises. Ils font peut-être déjà ce qu'aussi bien je m'apprête à faire : changer le produit mais garder le même emballage.

> *Quand vous priez, ne rabâchez pas comme les païens ;*
> *ils s'imaginent que c'est à force de paroles qu'ils se feront exaucer*[6].

L'église est, pour moi, un lieu où méditation et silence doivent avoir une place. Cette place est déjà faite, mais je cherche à renouveler les formes et le contenu, en partant du principe que dans l'église, les gens « ont des doutes » et qu'à cet égard, on doit les prendre au sérieux. Ce qui implique en premier lieu qu'il ne faut pas user d'un langage susceptible d'être entendu

5. Rike HENDRIKSE, juin 2007.
6. Matthieu 6,7. (Traduction Œcuménique de la Bible [TOB], Paris/Villiers-le-Bel, Cerf/SBF, 10e édition 2004.)

autrement qu'au sens littéral. Donc pas de : « Je le dis de cette façon, mais nous savons bien, entre nous, qu'il ne faut pas le prendre ainsi. » Mieux vaut mettre en question ce prétendu sentiment d'« entre-soi » que l'entretenir. Il n'y a pas alors de tiers exclu, et le pasteur n'a pas besoin de faire « comme si ». Ceux qui se débattent en leur for intérieur, pour savoir si prier a encore un sens pour eux, n'ont aucun secours à attendre de quelqu'un qui met de côté son propre débat intérieur. Introduire une prière en disant : « Prions », c'est, d'emblée, présupposer un « nous collectif » qui n'existe pas. Il y a dans l'église autant de représentations de Dieu différentes qu'il y a d'individus.

Je commence, pour ma part, par proposer de faire silence et par donner à chacun la possibilité de prier, de rentrer en soi-même, de réfléchir au nom qu'il entend donner à sa façon de... etc. Formulation qui s'efforce d'être identifiable par chaque membre de l'assemblée, du profane de passage jusqu'au fidèle familier des lieux qui, s'il ne peut plus prier comme autrefois, ne renonce pas nécessairement à l'emploi du mot « prier » et n'entend peut-être pas y renoncer.

Je ne m'adresse pas à Dieu, car je refuse d'être complice de tout ce qui tend à maintenir l'idée qu'il puisse exister quelque chose comme un Dieu auquel je pourrais parler, qui plus est au nom des autres, et – ce serait le comble ! – en lui donnant du Tu ou du Vous. Je ne crois pas moi-même en un Dieu de cette nature et je n'ai aucune envie de faire semblant.

En tant que pasteur, je détermine en grande partie le sujet et la teneur du culte. Je considère qu'il m'appartient aussi de rendre ces éléments explicites à travers les paroles qui me servent à introduire ou à accompagner le moment de silence et à guider l'assemblée vers ce qu'aussi précautionneusement que possible je désigne comme étant « ce à quoi nous donnons ici le nom de Dieu ». Ce n'est jamais une routine. Je suis quelquefois aidé, à cet égard, par les paroles d'autrui, par des questions, des citations, et de temps à autre, par une prolongation des moments de silence. Ce à quoi je m'efforce, c'est, grosso modo, à faire en sorte qu'« on s'exprime devant Dieu », comme on le dit en termes traditionnels. Bien sûr, je ne formule pas les choses ainsi, car ce qui m'importe c'est ce qui anime les *hommes* : le langage reste « chez soi ».

Prière d'intercession

Il en va de même s'agissant de ce qu'on appelle la prière d'« intercession », qui consiste à prier pour les autres. Sous sa forme traditionnelle, elle confine au rituel magique : on implore les dieux pour tenter de les décider, par exemple, à guérir un malade. Dieu est alors une sorte d'automate qui se met en marche lorsqu'on introduit une pièce de monnaie dedans. Dans sa variante contemporaine qui en fait une prière pour les victimes de maux dont l'homme est cause, tels que famine, misère et mortalité infantile, elle est souvent un compromis entre fausseté et moyen de se tranquilliser.

Supprimer la prière d'intercession reviendrait à escamoter le bébé – autrement dit le besoin qu'a l'homme d'« adresser » ses sentiments – en jetant l'eau du bain. Ces sentiments se cherchent un destinataire, demandent à s'extérioriser. Mais si Dieu n'existe pas, il n'y a pas de destinataire. C'est pourquoi je m'efforce de mettre un nom sur lesdits sentiments (reconnaissance, sollicitude, impuissance,...) sans chercher à les « adresser ». La plupart du temps c'est suffisant, parfois c'est même déjà trop. D'autres situations m'ont appris qu'il n'était pas nécessaire que ce besoin « d'adressage » soit satisfait. S'il se produit quelque chose de très grave – mort subite, grand chagrin – et qu'au désespoir, tel ou tel en vient à se demander : « Pourquoi ? Pourquoi, mon Dieu ? », même de moi, « serviteur de la parole divine », ils n'attendront pas de réponse. Ils ne posent pas de question. Ils « adressent » leur cri de détresse de la même manière que celui qui appelle sa mère dans des situations où toute possibilité de voir cette dernière se manifester est exclue.

Je ne peux vous enseigner comment prier avec des mots.
Dieu n'écoute vos paroles que s'Il les prononce lui-même à travers vos lèvres[7].

« Exaucement »

Celui qui ne croit pas en l'existence de Dieu, tout en croyant en Dieu, peut lui aussi « prier » sans trahir ses convictions. Ainsi, à travers ce qu'on appelle la « force de la prière », je comprends, quant à moi, ceci : ce qui arrive aux hommes ne restera pas sans conséquence sur ce qui adviendra plus tard entre ces hommes.

C'est aussi dans cette même perspective que je cherche à définir l'« exaucement » : les questions restent des questions et ne se délèguent pas à d'autres. Elles demeurent où elles sont, ou retournent vers le lieu d'où elles proviennent : vers vous et moi. Ainsi, par exemple : la bonne volonté de celui qui s'exprime et s'expose ainsi à la critique, retombe sur lui, et si tout se passe bien, n'est pas sans effet. On ne peut donc être exaucé, sans être soi-même directement impliqué.

C'est ainsi qu'on peut transformer la prière, sans en appeler à Dieu pour ce qui est du ressort des hommes. Quand quelqu'un souffre d'un mal incurable, on peut exprimer l'espoir qu'il aura la force de supporter dignement les moments par lesquels il lui faudra passer, qu'il résistera mentalement, qu'il se trouvera autour de lui des êtres proches et dévoués, et que l'impuissance de ces derniers saura se convertir en force de soutien et en appui. Pouvoir affirmer cela de tout notre cœur, c'est aussi vouloir, de fait, être proche de ce malade. Notre « prière » ne restera pas alors sans effet, mais sera exaucée.

---

7. Khalil GIBRAN, *Le Prophète*, Paris, Gallimard (Folio), 1992, p. 87.

Le « Notre Père »

> *« Quand vous priez, dites : Père ! Que ton nom soit sanctifié, que ton règne vienne. »* [8]

Je continue à dire le Notre Père. C'est, à mes yeux, une « petite boîte qu'il ne faut pas ouvrir ». Je n'en change pas un mot, je ne le remplace jamais par une variante, ou une version modernisée, je ne le fais pas chanter. Je reconnais de bon cœur que c'est de ma part une inconséquence, mais il arrive que le respect l'emporte. Savoir que ces mêmes mots ont été prononcés durant des siècles par des hommes et des femmes qui ont été nos devanciers, qu'ils continueront à se faire entendre quand nous ne serons plus là, et que de nos jours ils sont prononcés partout dans le monde et dans toutes les langues, en des situations réjouissantes ou tristes, constitue une raison suffisante pour le conserver. Sans compter que presque tout le monde le connaît, et qu'il est cher à beaucoup. Et cela m'émeut à chaque fois, lors de préparations d'obsèques. Quand j'évoque la possibilité de dire le Notre Père à cette occasion, on me répond presque toujours « oui », y compris dans des milieux extérieurs à l'Eglise. Je l'introduis par ces mots : « Tout ce que nous pourrions encore dire ou demander [et en prononçant ces mots, je suis parfaitement convaincu qu'il n'y a en fait absolument plus rien à dire], nous le rassemblons à présent dans les mots du Notre Père. » Et je suis également toujours ému de voir que presque toute l'assistance réagit à mon invitation, formulée de façon à laisser chacun aussi libre qu'il se peut, en le prononçant à haute voix. Je ne sais pas où et avec qui ils l'ont appris, mais ils le savent ! Je trouve cela magnifique. Mais... cela reste une inconséquence.

---

8. Luc 11,2 (version Louis Segond, Nouvelle édition revue, avec parallèles, 1910).

Pour finir : il n'y avait, dans un lointain passé, pas de mot pour dire « prier ». Aux temps de l'Ancien Testament, la prière, se confondant avec la vie, se manifestait à travers différentes formes d'expression : supplier, jurer, pleurer, pousser des cris de joie, tempêter, etc. ; pas question donc d'une activité isolée. Et c'est d'ailleurs peut-être là que se trouve la clef : dans une façon de vivre où la prière est totalement intégrée. Une sorte de vie orante, dans laquelle le quotidien se trouve imbriqué avec ce qui lui est sous-jacent. Chez moi il y a assez souvent, entre ces deux niveaux, un dialogue. Je me parle donc à moi-même ? Bien sûr. Mais le fait de ne pas parler à Dieu ou avec Dieu ne m'empêche pas d'engager ainsi la conversation : « Si mon Dieu pouvait parler, de quoi serait-il question ? » En général, de choses du genre : « Va donc rendre visite aujourd'hui à ce veuf qui était déjà à ton agenda la semaine dernière » ou « Répare ta maladresse d'hier ». Si cela réussit, je puis dire, sans me retenir : merci, Dieu, d'avoir été là aujourd'hui, et de ce qu'il m'a été donné de te voir un instant « par-derrière »[1]. La plupart du temps, je n'ai aucune réponse. Parfois, j'ai droit à un clin d'œil. C'est ce qui me motive.

1. Image tirée du livre de l'Exode (33,23).

Dieu et la mort

> *« Ecureuil, crois-tu qu'un jour, nous aurons une fin ? », demanda un jour la fourmi*[2].

L'ultime question existentielle, ou « vitale »[3] est celle de la mort. Vaut pour elle ce qui vaut pour les autres questions du même genre : il n'existe pas de « réponses vitales », la question ne peut qu'être vécue. Et à partir du moment où nous ne vivons plus, il n'y a plus de questions vitales ou existentielles ; c'est fini. La mort est la mort. D'un point de vue logique, il n'y a rien à objecter là contre. Voilà qui, toujours et en tous lieux, a constitué un truisme. Jusqu'au moment où sont apparues les religions. D'autres ont écrit d'abondance sur la façon dont cela s'est produit et sur le rapport entre religion et condition mortelle de l'homme. Quant à moi, je me limite au christianisme.

La mort est une « spécialité » de la religion chrétienne. C'est avant tout sous l'effet de l'influence exercée par l'apôtre Paul que la mort de Jésus a pris plus d'importance que sa vie : sa résurrection devait signifier que la mort est vaincue. Après quoi,

---

2. Toon TELLEGEN, *Misschien wisten zij alles* [*Et s'ils savaient tout ?*], Amsterdam, Querido, 1999, p. 360.

3. Voir note 2, p. 153. [N.d.T.]

la vie terrestre ne fut considérée durant des siècles que dans la perspective d'une vie « éternelle ». Immortalité, séjour éternel au paradis constituaient la plus grande récompense que le christianisme réservait aux croyants. Les catéchismes en témoignent encore : « Pourquoi sommes-nous sur la terre ? Pour être heureux dans l'au-delà ! »[4] C'est seulement en 1948 que, dans le *Nouveau Catéchisme* catholique en langue néerlandaise, ce passage devint « pour être heureux ici et dans l'au-delà ». Et aujourd'hui encore, dans notre société massivement postchrétienne, le vieux rêve d'immortalité a encore manifestement de beaux jours devant lui.

Il ressort d'une récente enquête[5] qu'à peine trente pour cent des Néerlandais ne croient pas à l'existence d'une vie après la mort, contre quarante pour cent qui y croient, le reste étant indécis. Il n'y a pas photo : une majorité des gens préfère ne pas mourir. La même enquête montre que soixante-trois pour cent des membres de l'Eglise protestante aux Pays-Bas[6] croient en une vie après la mort. Voilà pourquoi dire, dans l'Eglise, que « la mort est la mort », ça ne se fait pas ! Dans les faits, la porte reste entrouverte.

La notion d'« Eternel » est tout spécialement mise à contribution. C'est d'abord à sa polyvalence qu'elle doit sa popularité. Utilisée dans les prières pour parler à Dieu, elle sert aussi et surtout à suggérer que si nous sommes, à la vérité, des êtres

4. Cette question et sa réponse, qui ouvraient le catéchisme catholique néerlandais en usage avant la Seconde Guerre mondiale et jusqu'en 1948, et que nous traduisons littéralement, figuraient, par exemple (s'agissant de l'univers francophone) en quatrième position dans le petit catéchisme utilisé au Québec dans les années 1930. La question y était formulée de la même façon, la fin de la réponse était ainsi libellée : « Pour être heureux avec Lui, pendant l'Eternité ». On retrouve cette même formulation, ou des formulations voisines, dans les catéchismes catholiques de différents pays. [N.d.T.]

5. Chiffres basés sur le rapport publié en 2006 par le Bureau du Plan social et culturel des Pays-Bas, et intitulé *Godsdienstige veranderingen in Nederland* [*Transformations religieuses aux Pays-Bas*].

6. Voir note 7, p. 16. [N.d.T.]

passagers, Dieu sera quant à lui, toujours présent, dans l'éternité et donc encore là après notre mort. Nous sommes mortels, et Dieu est éternel. L'opposition laisse entendre que la durée de vie de Dieu est considérablement plus longue que celle de l'espèce humaine. Mais – et aucun théologien ne l'ignore – le mot « éternel » n'induit pas cette idée. L'expression « vie éternelle » n'a elle-même rien à voir avec l'infinitude ou le temps, mais elle qualifie le présent. Jésus n'a-t-il pas dit, textuellement : « [...] celui qui entend ma parole et qui croit celui qui m'a envoyé a la vie éternelle ; il ne vient pas en jugement, il est passé de la mort à la vie. »[7]

Pour parler vite, je n'ai pas entendu un seul théologien – exception faite d'Harry Kuitert – affirmer sans se ménager une éventuelle porte de sortie, qu'une fois la mort venue, c'était « fini et bien fini »[8]. Je suis de tout cœur d'accord avec lui et je fais même un pas de plus. Avec son « acte de croire comme acte d'imagination », Kuitert nous donne encore du grain à moudre. « Dieu ne nous délivre pas de la mort », affirme-t-il, mais Dieu (comme représentation imaginaire) peut nous aider à y faire face. Il invoque, à ce propos, l'exemple du Psaume 23, lu au chevet d'un mourant : « Les choses restent ce qu'elles sont, mourir, c'est mourir, mais sa faculté d'imagination apaise le mourant durant son dernier voyage : il se sent accompagné. »[9] Sans qu'il y ait là objection de ma part, je ne parviens pas à me représenter en quoi peut consister l'effet apaisant du Psaume 23 sur quelqu'un à qui il n'est pas familier depuis toujours ou presque. Autrement dit : si cela agit, c'est seulement sur les croyants de vieille souche.

Là s'arrêtent les considérations de Kuitert sur la mort. Je pousse plus loin, car je souhaite aussi m'entendre avec des

---

7. Jean 5,24. (Nouvelle Bible Segond, Bibli'O, 2002.)

8. « Over en uit » [« Fini et bien fini »] est le titre d'un chapitre de *Voor een tijd een plaats van God*, de Harry KUITERT, *op. cit.*

9. Harry KUITERT, *Hetzelfde anders zien* [*Voir le même autrement*], Ten Have, Kampen, 2005, p. 125.

athées bien mortels, des gens sans appartenance religieuse ainsi qu'avec des croyants qui doutent.

> *Allez frapper aux portes des tombeaux et demandez aux morts s'ils veulent revenir au jour : ils secoueront la tête d'un mouvement de refus*[10].

Je dirai tout d'abord que je connais beaucoup de gens qui sont convaincus que tout n'est pas fini avec la mort, et un certain nombre d'entre eux suffisamment pour savoir que cette conviction ne leur est pas inspirée par la peur ou par des restes latents, en sommeil, de religion chrétienne. Je la respecte et je m'en réjouis de grand cœur pour eux ; il m'arrive même parfois de la leur envier. C'est, pour moi, quelque chose de tout à fait comparable au talent pour le dessin : ou on l'a, ou on ne l'a pas. J'en suis dépourvu ; à mon sentiment, la mort est la fin irrévocable de la vie. Je considère toutes les théories relatives à un possible au-delà ou à une vie après la mort comme autant d'effets de la résistance que l'homme oppose à cette donnée qui fait qu'un jour, comme le dit le Psaume 49, « les humains [...] mourront comme les animaux »[11]. L'idée qu'il y aurait continuation, sous une forme ou sous une autre, est tellement belle qu'elle ne peut avoir été inventée que par des hommes incapables de se figurer qu'un jour, ils ne seraient plus.

La mort est la mort, fin de l'histoire, ou tout du moins : fin du récit de ma propre histoire. Que je puisse « continuer à vivre » à travers les récits des autres – idée qui, moyennant une certaine souplesse, est même théologiquement convertible en un point de vue sur la « résurrection » – est une autre histoire. Mais qui ne change rien au fait qu'avec ma mort, ma vie est terminée.

---

10. SCHOPENHAUER, *Le Monde comme volonté et comme représentation*, Livre Quatrième, Chapitre XLI, Paris, PUF (Quadrige), 2003, p. 1203. [N.d.T.]

11. Psaume 49,13 (traduction Bible Parole de Vie, Alliance Biblique française, 2009).

> *L'écureuil se réveilla en sursaut en pleine nuit [...] « "Plus tard", c'est quoi ? », se dit-il.*
> *Il avait déjà parlé de cela une fois avec la fourmi, mais celle-ci avait haussé les épaules et affirmé qu'elle n'avait jamais entendu parler de plus tard, et que donc ça ne devait rien être*[12].

Et voilà que j'entends venir la question : ça, vous êtes libre de le penser et de le dire, mais pouvez-vous être pasteur, alors ? Qu'avez-vous à dire au chevet d'un mourant, et lors d'obsèques ?

La supposition dont part celui qui pose ces questions est à mes yeux simpliste : comme si un chrétien, et un pasteur à plus forte raison, croyaient, comme quelque chose qui va de soi, qu'il y a *autre chose* après la mort.

J'ai établi précédemment une distinction entre la croyance et le « croire ». Ladite supposition se situe sur le plan de la croyance, et repose plus ou moins sur le principe que la vie spirituelle d'un pasteur s'accomplit dans les limites du cadre fixé par la doctrine de l'Eglise. Celui-ci est plutôt étroit à mon goût, et – comme je l'ai indiqué plus haut – irrémédiablement fossilisé. Un pasteur qui s'en tient à la lettre, devrait « croire » et professer « que nous deviendrons immortels après notre mort ». Et que, « lorsque les temps fixés par le Seigneur seront accomplis, nous comparaîtrons devant le Grand Juge, soit pour être torturés dans le feu éternel, soit pour jouir de la félicité parfaite, et être couronnés de gloire et d'honneur ». Même en allégeant, ça reste coincé en travers de ma gorge.

Mais nous voilà déjà au-delà de la question de savoir si l'on peut décemment – c'est-à-dire sans porter atteinte à l'intégrité personnelle de l'autre – être dépositaire d'un modèle de vie spirituelle que devrait adopter ce dernier. L'intégrité théolo-

---

12. Toon TELLEGEN, *Misschien wisten zij alles* [*Et s'ils savaient tout ?*], *op. cit.*, p. 99.

gique n'est pas un vain mot. Il n'est pas rare que la doctrine de l'Eglise soit en délicatesse avec la Bible – à plus forte raison sur la question de la mort. Je m'estime tenu, en tant que théologien, de soulever le débat autour de ces tensions. Et, en tant que pasteur, je me fais un devoir d'en faire état à mes paroissiens. Ce qui aboutit en général à quelque chose d'autrement plus compliqué que l'évidence supposée qu'il y a *autre chose* après la mort. Car cette évidence, je ne la trouve pas dans la Bible. Voyons cela.

On y parle en effet de la vie et de la mort autrement que nous ne le faisons d'ordinaire. La « mort » n'y survient pas seulement comme un « après », mais elle accompagne déjà notre vie [13]. Songeons à la traversée du désert : de l'Egypte (« pays de la mort » au sens propre) jusqu'en Canaan (pays de la promesse); de l'esclavage à la liberté. Même chose dans le Nouveau Testament : vers le royaume de Dieu, de la croix à la résurrection. Le chemin ne va pas de la vie à la mort, mais de la mort à la vie. Bibliquement parlant, un homme peut être un mort vivant. L'adjectif « mort » qualifie une façon de vivre qui ne mérite pas le nom de « vie » : rester là où l'on est, ne pas oser la vie.

Les conceptions évoquées dans l'Ancien Testament se ramènent en substance à l'idée que la mort fait, de toute évidence, partie intégrante de la vie : pour peu qu'on ait mené une vie droite et bonne, on pouvait mourir en paix. Après quoi l'on gagnait le *shéol*, ou royaume des morts; séjour souterrain où se retrouvaient tous les défunts, sans distinction : pécheurs, justifiés, pauvres, riches; tous, quels qu'ils soient. Là, tout contact avec Dieu était définitivement rompu, puisque YHWH est le Dieu des vivants. Autrement dit : la mort est la mort, point final.

---

13. Les paragraphes qui suivent, à propos de la Bible, renferment des remarques datant de l'époque où j'ai passablement emprunté à Huub Oosterhuis. D'éventuelles négligences relatives aux citations ou à la mention des sources sont involontaires.

Celui qui en saurait davantage sur l'éventualité d'une vie après la mort n'a pas sa place dans la Bible, en tout cas pas dans l'Ancien Testament. Ce qui y est souligné, c'est, précisément, la possibilité – à mon avis plutôt très réconfortante – qui nous est donnée de croire toute notre vie en un Dieu, sans aucune perspective d'au-delà. Accepter la mort comme frontière définitive et croire en Dieu sont donc deux choses parfaitement compatibles. C'est même de cette façon que ça a commencé.

> *De nombreux incroyants pensent que la religion tire son origine de la peur de la mort et de l'espérance en une vie éternelle. Ce n'est pas le cas du jahwisme. Les patriarches pénétraient dans leur dernière demeure sans illusions* [14].

Dans le Nouveau Testament, il n'est pas une seule fois question de mort naturelle. Etre mortel est d'une telle évidence qu'il ne vaut pas le coup d'en parler. Il n'est jamais dit de Jésus qu'il ait ressuscité des vieillards. La protestation qu'il oppose à la mort ne vise pas la condition mortelle de l'homme mais la « mortabilité » [15], ou une mort prématurée, déloyale.

La mort est la mort : il en va ainsi pour Jésus lui-même. Paul, le témoin le plus âgé, ne dément nulle part la mort sur la croix. Pour lui, Jésus est mort et enterré. Mais là où l'on attendrait un point, il met une virgule, après laquelle s'inscrit le mot « résurrection ». Du mort, il n'est pas dit qu'il vit encore. La crucifixion n'est pas annulée, Paul annonce le Christ ressuscité comme étant le Christ crucifié. Jésus est mort et reste mort. S'il est nommé « le vivant » [16], ce n'est pas pour contester sa mort,

---

14. Guus Kuijer, *Hoe een klein rotgodje God vermoordde* [*Comment un petit dieu de merde assassina Dieu*], Amsterdam, Athenaeum-Polak & Van Gennep, 2006, p. 133.

15. Nous rendons ici, littéralement, le néologisme employé par l'auteur. [N.d.T.]

16. Apocalypse 1,18. [N.d.T.]

mais pour y ajouter quelque chose. Et il n'aurait jamais été appelé le « ressuscité », si les hommes n'avaient pas perçu en lui, durant sa vie, quelque chose qui était plus fort que la mort. Je fais un bref rappel à ce que je disais plus haut à propos du « discours symbolique » : les auteurs de la Bible se servaient de mots familiers pour écrire dans une langue ordinaire sur ce qui échappe à l'ordinaire. Le mot « résurrection » ne fait, sur ce plan, pas exception. Il existait bien avant la naissance de Jésus, et a été plus tard utilisé pour transmettre la signification que revêtait ce dernier aux yeux des hommes. Ce mot ne lui aurait pas été appliqué s'il n'avait pas existé de longue date, car personne alors ne l'aurait compris. Que, plus tard encore, ce mot ait servi à véhiculer l'idée que Jésus serait revenu sur cette terre après sa mort, est une histoire à laquelle les auteurs de la Bible n'auraient eux-mêmes rien compris.

Tout compte fait, aucune spéculation relative à ce qui attend un homme après sa mort ne se trouve étayée par la Bible. D'un point de vue biblique, la vie n'est pas nécessairement absurde si elle prend fin avec la mort, ou parce qu'elle s'achève avec elle. Une vie croyante n'a, de toute évidence, pas d'autre objectif que de rendre l'existence vivable et de faire en sorte qu'elle le reste, ici et maintenant.

Dans le chapitre précédent, j'ai dit que croire était une conduite de vie, une façon de vivre, d'assumer l'existence humaine au quotidien. Je voudrais ajouter ici que la mort n'est pas un problème existentiel autonome, mais indissolublement lié à cette vie de tous les jours. Fermer sa porte à la mort, c'est, à proprement parler, ne vivre qu'à moitié ; qui tient la mort à distance, tient aussi la vie à distance.

Dans son journal, Etty Hillesum écrivait : « L'éventualité de la mort est intégrée à ma vie ; regarder la mort en face et l'accepter comme partie intégrante de la vie, c'est élargir cette vie. (...) Cela semble un paradoxe : en excluant la mort de sa vie on se prive d'une vie complète, et en l'y accueillant on élargit et on enrichit sa vie. »[17] Une telle prise de conscience ne vous fera probablement pas vivre un jour de plus, mais elle vous permettra pratiquement à coup sûr de vivre plus longuement votre vie.

Il n'y a à l'ultime question existentielle pas de réponse, même Bible en main. C'est d'ailleurs inutile. J'ai vu des hommes et des femmes, jeunes ou vieux, prendre sereinement et sans angoisse congé de la vie. Parfois avec de vagues attentes, rarement avec des réponses. En général, on meurt, somme toute, comme on a vécu. Je ne me risquerais pas à une telle affirmation, si je ne l'avais pas vu se confirmer aussi souvent sous mes yeux. Le cours de la vie d'un homme ressemble à une expédition en canot : on va au-devant de ce que l'on ne voit pas, le parcours qu'on a derrière soi détermine la direction. Et il s'agit d'un voyage vers l'inconnu.

L'apôtre Paul écrit : « Car, si nous vivons, nous vivons pour le Seigneur; si nous mourons, nous mourons pour le Seigneur. »[18] Je changerais volontiers quelques mots dans cette phrase, pour lui faire dire : « Si nous vivons, nous vivons avec des questions ; et si nous mourons, nous mourons avec des questions. »

17. Etty Hillesum, *Une vie bouleversée*, Journal 1941-1943, Paris, Seuil, 1985 et 1995, pp. 139-140.

18. Romains 14,8. (Traduction Œcuménique de la Bible [TOB], Paris/Villiers-le-Bel, Cerf/SBF, 10e édition 2004.)

IV.

UN AVENIR POUR L'ÉGLISE ?

Pour faire suite à la question « comment s'y prendre ? », je m'interroge dans ce chapitre sur ce que j'aimerais faire. Dans quelle Eglise moi, et à ce que je crois, beaucoup d'autres avec moi – qu'ils se situent à l'intérieur ou à l'extérieur de l'institution actuelle – nous sentirions-nous vraiment dans notre élément ? Quant à la question de savoir si ce que je souhaiterais pour mon Eglise (la PKN) [1] est de l'ordre du possible, ce n'est pas en une ligne qu'on y répondra. J'invite tout d'abord le lecteur à faire un petit tour dans et autour de cette Eglise, ce qui m'amène à dresser un bilan affligeant de la situation : si la stratégie de l'immobilisme l'emporte, ne resteront d'ici quelques décennies dans l'Eglise que les fidèles les plus traditionalistes ; tous les autres auront disparu ou déserté.

Peut-il en aller autrement ? Oui, je le crois et je l'espère, mais cela ne se fera pas sans l'aide des athées ! J'esquisse pour finir l'image d'une Eglise future idéale.

---

1. Voir note 7, p. 16. [N.d.T.]

Petit tour dans et autour de l'Eglise

Faire un petit tour dans et autour de l'Eglise aux Pays-Bas ne porte pas à la gaieté. Il n'est, depuis longtemps, guère plus question de nouvelles constructions ; on démolit des églises ou on les transforme en immeubles d'habitation, bureaux, supermarchés ou garages à vélos. Dans celles qui sont encore debout, il y a davantage de touristes que de fidèles.

Tous les je ne sais combien de temps, une enquête est faite dont il ressort que, depuis la précédente, il n'y a rien de nouveau sous le soleil : la désertification suit invariablement son cours. Les gens se débrouillent sans Dieu, ou en tout cas sans ce que l'Eglise appelle Dieu. Tous les indicateurs vont dans le même sens : encore un peu et c'en sera fini de l'Eglise.

Lorsque les hommes cessent de croire en Dieu, [...] ils se mettent à croire à tout[1].

S'il faut en croire les enquêtes, on est de moins en moins croyant aux Pays-Bas. Si c'est vrai, c'est du même coup une bonne raison de n'en rien croire. Et ce n'est d'ailleurs pas le cas, car d'après les mêmes enquêtes, l'Eglise pourrait même être en train de repartir, l'intérêt pour la « religion » étant plus fort qu'il n'a jamais été. Dans l'Eglise, les optimistes interprètent ce regain d'intérêt comme s'il représentait encore un espoir pour leur Dieu. C'est ce que j'appelle *wishful believing*[2]. En fait, on confond intérêt religieux et intérêt culturel à l'égard du patrimoine chrétien. On perçoit mieux à ceci qu'il s'agit là d'héritage : le Dieu théiste chrétien est mort depuis longtemps pour la plupart des gens, et le Dieu « vivant » est de plus en plus extérieur aux Eglises. Des phénomènes tels que le quelquechosisme montrent que les gens veulent en finir avec Dieu, mais pas avec leur foi.

Un regard autour de nous nous révèle la même chose : conférences, réunions de réflexion, cours, représentations théâtrales, films, expositions et concerts sont très courus, monastères et lieux de retraite ont leurs listes d'attente; les bancs d'église, eux, sont déserts. Tout indique que la foi ne disparaît pas, mais se modifie, et que ce n'est pas l'incrédulité qui est à l'affiche mais avant tout la désaffection vis-à-vis de la religion préconditionnée par l'Eglise. L'autorité de l'institution ne fait plus foi aux yeux des gens, ils n'ont plus envie de morceaux prêts à avaler. Ils composent leur propre mélange spirituel en combinant éléments empruntés au christianisme, réincarnation, astrologie, télépathie, spiritisme,

1. Mot généralement attribué à G.K. Chesterton, mais qui provient en réalité d'un livre d'Emile Cammaerts (1878-1953), poète belge, traducteur de Chesterton, professeur à l'université de Londres et dont certains textes ont été écrits directement en anglais. C'est le cas de l'étude consacrée par Cammaerts à Chesterton et intitulée *The laughing prophet* [*Le prophète qui rit*], dont est issue cette citation (p. 211). [N.d.T.]

2. En anglais dans le texte : « prendre ses désirs pour des réalités ». [N.d.T.]

yoga, philosophies holistiques, idées théosophiques, pendules, cartes du tarot, et ainsi de suite. On ne rend peut-être plus autant gloire, mais on croit à tout et à n'importe quoi.

Pendant ce temps, la génération des frustrés à la Marteen 't Hart[3] est sur le point de disparaître. Ceux qui ne veulent plus entendre parler d'Eglise et de religion ont eu des enfants qui en ignorent tout : une grande partie des jeunes Néerlandais n'a pas connaissance, même de façon approximative, de ce dont il est question dans la religion chrétienne. Cette ignorance présente l'avantage de laisser le champ libre à la manifestation éventuelle d'un intérêt affranchi des préjugés. Autrement dit : le ressentiment fait place à la curiosité. Mais point n'est besoin d'être prophète pour voir que celle-ci ne conduira pas à une augmentation de la fréquentation des lieux de culte. On va chercher du sens partout, sauf dans les églises. De quoi cela provient-il ?

L'intérieur

Il suffit d'entrer un dimanche dans n'importe quel temple pour avoir la réponse au bout de quelques minutes : il s'y accomplit un rituel qui s'est à peine modifié depuis le Moyen Age : chaires, orgues, psaumes, vêtements liturgiques, tout est comme depuis jadis. Imaginez un peu : vous n'êtes encore jamais rentré dans une église, et, un beau dimanche, voilà que vous sautez le pas. A peine avez-vous pris place qu'un quidam se dirige vers le microphone (« l'ancien de service »), vous souhaite le bonjour en ce dimanche d'« exaudi » et annonce le psaume de circonstance. Après quoi la parole revient au pasteur, qui, coup sur coup, vous fait part de deux messages : « Notre aide est dans le Seigneur qui a créé les cieux et la terre » et « Que la grâce de notre Seigneur Jésus soit avec vous ». C'est comme si vous vous retrouviez dehors, non ?

3. Voir note 4, pp. 44-45. [N.d.T.]

Dans n'importe quelle organisation, on se gratterait l'oreille : l'offre et la demande sont manifestement déconnectées ; n'y aurait-il pas, côté offre, un dysfonctionnement ? Ne faut-il pas renverser la barre ? Sinon l'Eglise, qui s'y tient, et a l'œil dessus. C'est à peine si l'on cherche à savoir ce qui se passe. Et il n'y a rien de surprenant à cela. L'Eglise catholique fait à chaque élection d'un pape la démonstration qu'elle ne sait manier qu'une seule vitesse : la marche arrière. L'Eglise protestante néerlandaise s'est employée depuis un demi-siècle à la mise en œuvre du processus de rapprochement qui l'a finalement conduite à sa propre édification sous le nom d'Eglise protestante aux Pays-Bas (PKN). Nul ne semble avoir remarqué ce qui s'est produit au sein de la société dans cet intervalle. C'est ce qui ressort entre autres du nouveau Règlement d'Eglise, présenté non sans fierté en 2004. Lorsqu'on le parcourt, on se croit installé dans une machine à remonter le temps : « Les différents ministères ne pourront être remplis que par des membres confessants. (...) La communauté est appelée à rester dans la voie tracée par la profession de foi de l'Eglise. (...) L'Eglise reconnaît en toutes circonstances, à travers ses célébrations, ses paroles et ses actes, Jésus-Christ comme Seigneur et Sauveur du monde, et appelle ainsi, à un renouveau dans la culture, la société et l'Etat. » Il semblerait que le conservatisme soit devenu génétique. Voir les sujets de discussions théologiques : la divinité de Jésus, l'expiation – on a vite fait, si l'on se tient tant soit peu informé, d'attraper un torticolis, à force de devoir regarder en arrière.

De l'intérieur à l'extérieur

La façon dont l'Eglise entend aller à la rencontre du monde extérieur et sa vision de l'avenir sont définies dans son « discoursdu trône » publié en octobre 2005[4] : *Apprendre à vivre par*

4. Il s'agit du rapport du Synode général de 2005 de l'Eglise protestante aux Pays-Bas (PKN). [N.d.T.]

l'émerveillement – Perspectives sur la vie et l'action de l'Eglise dans sa totalité. Le début en est prometteur : « Nous voulons aussi nous concentrer expressément sur les groupes d'hommes et de femmes que nous ne touchons pas par notre façon actuelle de vivre l'Eglise. » Mais cela tourne vite au vinaigre : « Beaucoup ressentent comme inutile cette communauté (ecclésiale) : ils puisent librement à toutes sortes de sources spirituelles, accordant même, parfois, une place à la Bible. Cette forme individualiste de croyance en Dieu a pourtant ses limites. La foi doit être portée par une vaste communauté de croyants, elle-même nourrie par la Parole et les sacrements. » Et l'on ne met pas longtemps à voir l'institution montrer le bout de l'oreille : « Car aussi diverse que soit l'Eglise protestante, il s'agit pour elle, dans la multiplicité de ses nuances, de confesser le Nom qui surpasse tous les noms ; celui de Jésus-Christ. » Ne laisse-t-on pas sur-le-champ toute espérance, lorsqu'on lit cette prose ?

Ce document montre bien que l'Eglise continue à fermer hermétiquement ses rideaux. Il se peut qu'aux yeux de sa propre base, le langage dont elle use paraisse familier et constructif, mais pour le profane, ce sont là des sons extraterrestres.

Sous le titre : « Les Eglises protestantes mécontentes de l'IKON »[5], la une du quotidien *Trouw* daté du 23 mars 2007 annonçait ceci : « Selon le conseil de l'Eglise, l'IKON doit, sur la base de son identité protestante, répondre de façon plus ciblée au regain d'intérêt que suscitent la philosophie et la religion. » En néerlandais courant, cela s'appelle « faire du prosélytisme ». C'est, qu'en effet, l'identité protestante est limpide : Jésus-Christ est notre Seigneur et Sauveur. Il n'est pas même envisagé que cet intérêt renouvelé concerne, ou puisse concerner autre chose. Il me paraît superflu de m'étendre davantage sur ce déphasage et cette naïveté.

---

5. *Interkerkelijke Omroep Nederland* (IKON) : littéralement « Radio-télévision interecclésiale des Pays-Bas ». Il s'agit d'un office protestant qui produit et diffuse des émissions de radio et de télévision reflétant dans une large mesure la diversité du protestantisme néerlandais. [N.d.T.]

Les prises de position dans le débat social ou politique ne deviennent d'actualité qu'après que tous les autres acteurs se sont fait entendre, ou lorsque, par peur d'une désaffection croissante, on estime qu'un silence prolongé a perdu toute justification.

L'Eglise n'est pas intervenue dans le débat sur le *dessein intelligent*. Les « spécialistes » ne pipent pas mot, vous parlez d'un toupet ! Pour ce qui est de Dieu : on n'en cause pas. Questions et incertitudes sont balayées à coup de renvois à Jésus. Alors même que Jésus ne faisait rien d'autre que de renvoyer à Dieu !

Retour à l'intérieur

Pendant ce temps, il n'y a eu aucune évolution au sein de l'Eglise. Toutes les tentatives d'aggiornamento n'ont rien changé au fait que la liturgie n'est compréhensible que par les fidèles auxquels le christianisme a été inculqué dès le berceau. Pour les autres, c'est comme le criquet : ça fait plaisir à voir, mais personne ne comprend les règles.

A vrai dire, aucune modification n'est intervenue, et rien n'indique qu'il y en aura une. C'est là que sont à la fois la carence et le drame : l'incapacité à moderniser est aussi de la mauvaise volonté, fût-elle involontaire. L'Eglise ne peut ou ne veut absolument pas être de notre temps, ceci parce que le courant dominant, l'orthodoxie, n'a d'yeux que pour ce qui s'oppose aux tendances contemporaines, et ne cherche qu'à maintenir les choses telles qu'elles ont toujours été. Il est certes dans son bon droit, mais les relations au sein de l'Eglise s'en retrouvent faussées, et c'est toujours la même chanson à la fin : aussi longtemps que le bloc de droite n'est pas satisfait et menace de s'en aller, tous les autres se voient contraints de mettre de l'eau dans leur vin.

Mais la chanson a été écrite au Moyen Age ; les hommes et les femmes d'aujourd'hui ne la comprennent plus. Le monde a changé, nous vivons, nous pensons, nous croyons d'une autre manière qu'autrefois. On ne peut attendre que la majorité des croyants puisse mettre à profit une doctrine religieuse dont le dernier avatar date de plus de quatre siècles.

Notre petit tour une fois terminé, force nous est hélas de conclure à l'existence d'un gigantesque fossé entre intérieur et extérieur, entre ce qui se passe au sein de l'Eglise et ce qui se manifeste dans le monde. L'Eglise se coupe de plus en plus des problèmes qui préoccupent les gens dans la société qui est la nôtre. Edward Schillebeeckx[6] avait raison : ce ne sont pas les gens qui abandonnent l'Eglise, mais les Eglises qui ont déserté les lieux où se déroule la vie réelle des gens.

Il y a de quoi s'inquiéter. L'Eglise continue à croire qu'elle a un message à délivrer au monde, mais elle ne s'aperçoit pas que le monde n'a plus rien à faire d'un message. Et ce message-là ne parvient pas à percer. La question des causes de la désaffection des églises n'est pas à l'ordre du jour. Encore moins celle des raisons de l'absence de nouveaux arrivants dans l'Eglise. Ils ne doivent probablement pas attendre « d'avoir part au salut offert en Jésus-Christ ».

En attendant, le temps presse. L'âge moyen des pratiquants est élevé, il est relativement rare que leurs enfants fréquentent une Eglise, les prosélytes sont une exception. Il nous reste au maximum le temps d'une génération. Il faut donc virer de bord.

Mais je crains – ou est-ce une certitude ? – que l'Eglise ne puisse y parvenir par ses propres moyens.

Ceux qui la dirigent sont – pour dire les choses avec délicatesse – trop peu conscients de ce qu'est la vie en dehors de ses murs. Dans les assemblées synodales, il n'y aura pas vraiment de changement à cet égard ; c'est du dehors que devront venir les capitaines. Et ce n'est pas à des officines externes que je pense en disant cela, mais à l'athéisme pur et sans mélange.

6. Edward Schillebeeckx (1914-2009), dominicain, professeur de théologie et théologien belge.

Dialogue avec les athées

A mon avis, personne n'est mieux à même de faire tomber les œillères de l'Eglise qu'un athée, car il sera bien le dernier à qui cette dernière fera prendre des vessies pour des lanternes. Inviter l'ennemi ? Se mettre autour d'une table avec des gens qui se moquent de l'Eglise et de la religion ? Voilà qui ne faisait pas peur à Jésus. Il discutait avec tout un chacun, et le résultat, sur le plan religieux, s'avérait presque toujours positif. Il vaut la peine, ne serait-ce que pour cette raison, d'essayer de surmonter nos préjugés. Les athées pourraient parfois être la pierre de touche idéale pour évaluer ce que les responsables de l'Eglise nomment « regain d'intérêt ». Dans mon premier chapitre, je faisais déjà observer que la grande masse des déserteurs d'Eglise étaient en fait athées, au sens où ils se sentent complètement désemparés par le Dieu que leur propose l'Eglise [1].

1. Entre-temps, la proportion des Néerlandais déclarant appartenir à une communauté religieuse est tombée autour de vingt/vingt-cinq pour cent. Ce qui signifie en gros qu'au moins les trois quarts de la population néerlandaise ne croient pas au dieu théiste de l'Eglise. Même s'ils ne se revendiquent pas comme tels, ils sont, de la sorte, athées.

Sors l'inerte chrétien de sa vaine assurance[2].

Qu'y a-t-il à attendre de notre interlocuteur athée ?

En premier lieu, qu'il nie, bien sûr, l'existence de Dieu. Il n'est pas nécessaire que l'Eglise lui donne gain de cause sur ce point ; ce serait déjà beaucoup si de son assertion naissait une question : Dieu existe-t-il ? Ceux qui doutent seraient alors enfin pris au sérieux. Ou si elle suscitait le débat : si Dieu n'existe pas, que nous reste-t-il, y a-t-il encore matière à croire ?

L'athée, rationnel comme il l'est, recherchera à mettre en contradiction l'esprit pratique du croyant et sa foi. Crois-tu vraiment que Jésus ait marché sur les eaux ? Personne ne peut le croire, pas même donc Jésus. Crois-tu vraiment que Dieu est amour ? Est-ce là le même Dieu que celui qui, dans le livre de Job, engage un pari avec le diable qui aboutit à plonger dans la misère un homme innocent ? Et toutes vos prières, crois-tu vraiment qu'il y a quelqu'un qui les écoute ? Ce ne sont pas des questions faciles. Mais quiconque considère sa propre vie, s'apercevra probablement que ce sont précisément les questions difficiles et parfois embarrassantes qui l'ont aidé dans son cheminement. Et, la plupart du temps, nous avons besoin de quelqu'un d'autre pour nous amener à regarder en face des moments de notre existence que nous préférerions ne pas voir.

Dans notre structure collective – ce que nous appelons « la communauté de l'Eglise » –, les choses se passent de cette manière : de nombreux thèmes ne sont qu'à peine évoqués, inutile de dire que les questions critiques qui s'y rapportent sont encore plus rares. Nous sommes d'accord entre nous et nous ne mettons pas sur le tapis nos sujets tabous. En revanche, l'athée le fait : tu as dit « Saint-Esprit » ? Si personne ne parvient à expliquer ce dont il s'agit, pourquoi ne pas s'en débarrasser ? Et

---

2. Début de la strophe 2 du cantique 313, *Zonne der gerechtigheid* (« Soleil de Justice ») extrait du *Liedboek voor de kerken*, recueil de chants publié en 1973 et utilisé dans un grand nombre d'Eglises protestantes. [N.d.T.]

Jésus Sauveur; comment ça? Sauveur de quoi? Pourquoi *l*'Evangile? Il y en a pourtant au moins quatre? Et pour quelle raison Dieu se serait-il révélé en Jésus, et pas en Bouddha? Personne ne le sait. Parfait; laissons donc le doute et l'embarras sortir de dessous la table. Ils ont leur place dessus.

Le langage arriéré, qu'on considère comme tout à fait normal au sein de l'Eglise, ne trouve pas grâce aux yeux des athées. Des termes ou expressions tels que « frères et sœurs », « prédication », « visitation », « secrétaire du consistoire », « ministre du culte », « discipline ecclésiastique » méritent, selon eux, d'être retirés de la circulation. Imaginez un peu que vous ne soyez au courant de rien, et que vous demandiez : « Il y a aussi des toilettes, ici? » Et que l'on vous réponde : « Oui, à côté de la salle consistoriale; vous voyez, là, l'intendant de l'église qui discute avec le troisième délégué du conseil élargi du consistoire, près du centre liturgique? » Si, avec ça, vous n'avez encore pas pissé dans votre froc…!

On a parfois l'impression que personne dans l'Eglise ne prend conscience ou ne s'inquiète de ce que la forme – ce qu'on appelle la liturgie –, apparaît au non-initié comme étant un rituel déphasé, archaïque, pour ne pas dire une comédie grotesque. On peut faire confiance à un athée pour poser des questions sur tous les éléments de cette liturgie : invocation et salutation, louange, confession des péchés, prière d'illumination, quêteuses noires pour la collecte, bénédiction du Seigneur – est-ce avec cela que nous entendons marcher vers l'avenir? Et peut-on demander à un homme moderne sensé de chanter des psaumes?

Et il est même parfois permis de rire. Je devrais sûrement inviter Herman Philipse[3]. Il a beau, en tant qu'athée, ne pas être tout à fait net, cela est largement compensé par

3. Dans le premier chapitre, j'ai qualifié Philipse « d'athée bâtard ». Je ne suis pas tellement gentil non plus ici avec lui. Cela n'enlève rien – je tiens à le souligner – au respect que j'ai pour l'homme et l'érudit.

son humour. Que dites-vous de celle-ci : « Les athées ne sont pas arrogants, simplement, ils réfléchissent mieux que les autres » ?[4]

Pour finir : la tradition chrétienne avale sa chique, elle aussi. Mais c'est là littéralement un chapitre – ou dans le cas présent, un paragraphe à part.

4. In Harm VISSER, *op. cit.*, p. 89.

La tradition chrétienne

Chacun d'eux modifie, en fonction de son tempérament, les traditions qu'il a reçues, comme les a aussi adaptées, en leur donnant une forme propre, celui qui les a transmises[1].

L'Eglise n'a pas à craindre le dialogue. Même l'athée ne cherche pas à abolir la tradition chrétienne. Pour peu qu'il se soit promené à Rome et à Florence, il s'est rendu compte qu'on comprend à peine ce qu'on y voit si l'on ignore tout de ce réservoir de récits, de représentations, de rituels et d'images qui forment le « patrimoine » chrétien.

Mais que se passerait-il s'il était donné à un homme du Moyen Age de voyager dans le temps et de se promener dans Rome ? Il serait probablement asphyxié en l'espace d'un quart d'heure par les gaz d'échappement. Nous sommes faits autrement que les gens du Moyen Age, nous avons grandi avec la pollution, nous avons beaucoup plus de connaissances qu'eux, nous vivons plus longtemps, nous mangeons différemment, nous croyons d'une

---

1. Tertullien (+/- 150-160 / +/- 220) : théologien et Père de l'Eglise.

autre manière. Et c'est bien pourquoi il n'est pas raisonnable de demander à un homme de notre temps de se laisser étouffer par des conceptions de Dieu datant du Moyen Age.

Voilà donc, brièvement, le message, ou l'invitation que j'adresse à l'Eglise : prenez conscience et admettez que les hommes changent, donnez-leur la liberté d'en user, avec la tradition, de la façon qui leur est propre et particulière, et aidez-les-y ! Reconnaissez que la tradition est œuvre humaine, que toute autorité « supérieure », qu'elle soit divine ou non, est octroyée par les hommes, et que nos contemporains n'ont, à cet égard, pas moins de droits que leurs ancêtres. L'Eglise ne cédera pas comme cela. Elle a conféré au passé un pouvoir supérieur en s'obstinant à affirmer à travers sa doctrine que les dogmes et les confessions de foi définis jadis étaient des vérités intangibles, sans date de péremption aucune.

Nous ne sommes, bien sûr, en grande partie, ce que nous sommes que par tout ce qui s'est produit antérieurement, et il est vrai que la foi de nombreux croyants se fonde sur ce qui a été vécu, exprimé et transmis autrefois par d'autres. Mais cela ne change rien au fait que pratiquement toutes les confessions de foi ont été élaborées dans le feu du combat. Elles sont donc partiales, indissociablement liées à leur temps, et aux conflits de leur temps. Les générations ultérieures ne peuvent les prendre en compte qu'avec une bonne dose de relativisme et en les passant au crible de leur propre réflexion. Et dans cette tâche, l'Eglise pourrait ou devrait donner l'exemple. Plutôt que de canoniser d'anciens documents, qu'elle s'emploie donc à expliquer aux hommes et aux femmes de notre temps, dans un langage actuel, et en s'appuyant sur les connaissances et les expériences dont ils disposent, la signification des mots par lesquels les générations passées ont traduit leurs propres expériences. Il faut donc partir du présent. Seule une Eglise disposée à rendre perceptible le sens que la tradition peut avoir pour l'homme du XXIe siècle est à même de maintenir celle-ci « vivante ». Tant que l'évolution se poursuit, l'expérience qu'ont de Dieu les hommes continue à se transformer. Pour ne prendre qu'un seul exemple, la plupart des croyants ne pourront plus s'accommoder de l'article 28 de la *Confession de foi néerlandaise.* « Attendu que cette sainte assemblée réunit ceux qui sont sauvés, et qu'il n'est point de salut hors d'elle, nous croyons que, quel que soit son état ou sa qualité, nul ne saurait s'en remettre à lui-même afin de se contenter de sa propre personne et que tous doivent la rejoindre et s'unir en elle, entretenant l'unité de l'Eglise… »[2]

Dans la mesure où croire consiste de plus en plus à faire son propre tri, les difficultés à accepter la tradition comme un tout se sont accentuées. Beaucoup voient en celle-ci une sorte de bain dans lequel ils se sont trouvés plongés bon gré mal gré. Mais le fossé entre ces vieux textes et la réalité dans laquelle nous vivons ne cesse de s'élargir. C'est pourquoi l'Eglise devrait aussi favoriser un usage sélectif de la tradition. Et le rendre possible. Si elle entend mettre en pratique ce qu'elle déclare, dans le rapport du synode général d'Utrecht de septembre 2005, sous le titre *Apprendre à vivre par l'émerveillement – Perspectives sur la vie et l'action de l'Eglise dans sa totalité*, à savoir : « Nous voulons aussi nous concentrer expressément sur les groupes d'hommes et de femmes que nous ne touchons pas par notre façon actuelle de vivre l'Eglise », elle pourrait déjà commencer par rendre sa tradition intelligible à ces groupes et présenter celle-ci sous la forme d'une sorte de « pêche miraculeuse » où chacun ferait son choix en fonction de ses préférences. Le choix lui-même peut être laissé à l'individu.

---

2. L'article 26 de la *Confession de foi des Eglises réformées de France* (dite *Confession de La Rochelle*, 1559) est très proche dans sa rédaction : « Nous croyons donc que nul ne se doit retirer à part et se contenter de sa personne, mais tous ensemble doivent garder et entretenir l'unité de l'Eglise, se soumettant à l'instruction commune et au joug de Jésus-Christ [...] ». Voir *Confessions et catéchismes de la foi réformée*, Genève, Labor et Fides, 2005², p. 123. [N.d.T.]

N'est-ce pas là très largement céder au subjectivisme ? Ne suis-je pas en train de trop relativiser ? De galvauder la tradition ? Il me semble que non. Un texte peut-il se transformer en vérité s'il n'est pas d'abord devenu ma vérité ou la vôtre ? Mieux vaut la vérité vécue que la vérité objective. N'est-il pas absurde de tenir pour vrai quelque chose si notre propre véracité s'en trouve compromise ? Laissons chacun déterminer lui-même ce qu'éventuellement, il veut grappiller dans la tradition. Laissons-le vérifier si le legs transmis par celle-ci concorde avec ses propres expériences. Et sinon, c'est dans la tradition que quelque chose ne tourne pas rond, et pas chez lui.

La question n'est donc pas : « Me situé-je encore dans la tradition chrétienne ? » mais « La tradition est-elle en accord avec ce que je suis ? » Il ne s'agit pas là de prôner un désengagement total par rapport à la tradition, mais, justement, d'inviter à l'examiner sous toutes ses faces et de laisser tomber ce qu'il n'y a plus lieu de partager ou de croire. On ne devrait pouvoir dire « oui » de grand cœur à des fragments de tradition que si l'on y reconnaît quelque chose qui émane de notre propre expérience.

Et c'est là qu'est l'avenir de la tradition, et à mon sens, aussi celui de l'Eglise : il lui faut trouver le contact avec ces expériences, ou, plus précisément, s'ouvrir à elles, fournir aux hommes un langage et des images qui les aident dans leurs efforts pour les expliquer. Et ceci ne vaut pas seulement pour les chrétiens ou les pratiquants. Il ne manque pas de gens qui, sans jamais fréquenter une Eglise, voient en Jésus un modèle exaltant.

De la tradition donc ; adaptée à tous les goûts : pour les sceptiques, qu'ils aient déjà décroché ou non ; pour les chercheurs de sens isolés, sans oublier ceux qui n'ayant pas besoin de la tradition chrétienne pour croire en Dieu, souhaitent simplement se promener dans Rome en étant bien préparés.

The morning after[3]

Que peut apporter la discussion avec les athées ? Une représentation de Dieu exempte de tout théisme : Dieu n'existe plus et peut, par là même, recommencer à être Dieu. Les réponses ont disparu, les questions qui étaient enfouies sont redevenues perceptibles et identifiables par tout un chacun. La liturgie a été réactualisée et débarrassée des éléments susceptibles d'effaroucher les nouveaux venus. Le jargon d'Eglise a fait place à la langue du siècle. Les blocages intellectuels sont levés : on ne demande à personne de croire ce que sa raison déclare impossible. Langage et contenu de la tradition chrétienne sont rendus accessibles aux profanes. Nous voilà ainsi, me semble-t-il, à même d'entrer dans l'avenir.

Est-ce vraiment réaliste ? J'ai parlé plus haut d'une majorité orthodoxe « résultant d'une pondération du droit de vote »[4]. Cette dernière fera nommément parler d'elle, s'agissant de la tradition. Penser qu'il existe dans l'aile droite[5] de l'Eglise suffisamment de bonne volonté pour renverser la vapeur et mettre le cap sur le futur est démesurément optimiste. A en juger d'après les objectifs qu'elle se donne, elle ne manquera pas de considérer comme « une nécessité de défendre la doctrine de la Réforme, telle qu'elle est expressément définie dans les textes des Confessions de Foi ».

Je ne me fais aucune illusion. Dans les années 1980, j'ai été membre du bureau national de la *Vereniging van Vrijzinnige Protestanten*[6] (« Association des protestants libéraux »). A cette époque, le nouveau règlement de l'Eglise était en préparation

---

3. En anglais dans le texte.

4. Voir p. 85. [N.d.T.]

5. Je fais allusion ici au *Gereformeerde Bond tot verbreiding en verdedeging van de Waarheid in de PKN* (« Union re-réformée pour la diffusion et la défense de la Vérité dans l'Eglise protestante aux Pays-Bas »).

6. Elle portait encore le nom de *Vereniging van Vrijzinnige Hervormden* (« Association des réformés libéraux »).

(à travers le mouvement d'alors, *Samen-op-Weg*, « En chemin ensemble »). Quelques amendements furent déposés par les libéraux, dans le genre : « remplacer "exclusivement" par "si possible" ou "de préférence" ». Pas une seule de ces propositions ne fut acceptée. J'appris alors à mes dépens que toutes les gentillesses n'étaient que des feintes : les opinions divergentes étaient tout au plus tolérées, au pire méprisées, mais quoi qu'il en soit, jamais prises au sérieux par l'aile droite.

Piet Vergunst, rédacteur en chef de *Waarheidsvriend* (« L'ami de la Vérité »), hebdomadaire de l'Union re-réformée, répondait, le 15 septembre 2005, en ces termes au point de vue de Bas Plaisier, président du synode, qui affirmait vouloir poursuivre le dialogue, même avec les libéraux : « L'Eglise porte là atteinte à son identité, à sa pérennité, à son avenir, et le nom et la gloire de son Seigneur sont en cause. »

Séparation de biens

Si un simple dialogue n'est pas possible, à quoi bon vivre plus longtemps sous le même toit ? Je transforme cette question en proposition : « Séparez-les. » Je ne vise pas seulement les libéraux, mais aussi d'autres types de « profils » : ceux qu'on appelle les « orthodoxes modérés » ou encore le mouvement *Op Goed Gerucht*, qui rassemble des pasteurs et des théologiens [1]. Isolez-les les uns des autres, interdisez-leur de s'exprimer au nom de tous, laissez-les parler en leur nom propre.

Cela n'ira pas tout seul. Dans le numéro du 27 mai 2006 de *Woord en Dienst* [2], Bas Plaisier faisait part de sa réaction à l'idée, émise par Erik Sengers, de transformer l'Eglise protestante aux Pays-Bas en une holding dotée d'une solide stratégie d'image de marque, puisque, de par son pluralisme, elle ne fait entendre, en tant qu'entité, aucun son de cloche identifiable : « Voilà ce en quoi consiste, justement, la tâche de l'Eglise en marche vers le futur : trouver le moyen de donner corps à l'unité, compte tenu de la diversité. L'unité étant conçue non pas comme addition d'éléments particuliers, mais comme principe posé au

1. Voir note 9, p. 39.

2. *Woord en Dienst* [littéralement : « Parole et Service »]. Magazine « d'opinion » de l'Eglise protestante aux Pays-Bas, dont la publication est (théoriquement) bi-hebdomadaire. [N.d.T.]

départ. Loin donc de servir l'expression des différences, la pluralité est au service de l'unité (...). Celle-ci n'est pas l'unité de l'entreprise, mais l'unité en devenir, qui embrasse les siècles, de la communauté eschatologique en marche pour ne faire plus qu'un avec son Chef. La pluralité est au service du témoignage se rapportant à notre Seigneur et Sauveur Jésus-Christ (...) Notre unité la plus profonde n'est pas en quelque chose mais en Quelqu'un. Notre identité la plus profonde est en Christ. » Dixit Plaisier.

Illustration de la pluralité : je suis en désaccord avec pratiquement chacun de ses mots ; à mon avis, il tourne le dos à l'avenir.

S'agissant de cet avenir, je ne vois pas d'autre possibilité qu'un divorce des esprits. Si le rayonnement de l'Eglise continue à se trouver restreint par une censure conservatrice, la désertification se poursuivra inexorablement jusqu'au moment où seule subsistera la « réserve » orthodoxe.

Je m'en remets aux spécialistes pour définir les formes organisationnelles. Ce qui m'importe, c'est d'aboutir à une authentique pluralité, qui ne soit pas simplement consentie du bout des lèvres. Du côté droit, tout peut rester en l'état. Pour les autres, la porte peut s'ouvrir sur le monde et l'avenir.

Le temple comme café-restaurant

Au-dessus de cette porte trône un écriteau d'où il ressort que la vie excède toujours ce que nous pouvons en saisir, que derrière chaque point d'exclamation se trouve un point d'interrogation, et que Dieu est toujours différent de ce que nous croyons en savoir.

A l'intérieur, il y a du changement. Un glissement d'accent s'est opéré : de la foi chrétienne aux diverses formes de religion et de spiritualité, de la communauté à l'individu, des réponses aux questions, de la prédication à la réflexion, du sermon au dialogue. Il y a de la place pour tout un chacun, quels que soient ses antécédents philosophiques ou idéologiques. En vertu de l'idée qu'une réponse qu'il n'aurait pas été en mesure de trouver par lui-même n'est d'aucun secours à quiconque, la responsabilité personnelle et le droit qu'a tout individu de décider en conscience de ce qu'il croit, sont fortement mis en valeur. Le doute est considéré comme l'expression d'une attitude religieuse et respecté en tant que tel. Celui qui cherche doit avoir le droit de chercher, l'incroyant a le droit de ne pas croire.

En outre, on communique autrement. Il n'est pas question de cultes et de liturgies, mais de réunions liées à un programme. Le dialogue a sa place, causerie ou conversation autour d'une table se substituent à la prédication ou à la méditation. Credo et dogmes sont tabous : on ne parle de Dieu et de la vérité qu'à la première personne du singulier.

Des termes tels que « bricolage religieux », « religion à la carte », « Dieu sur mesure » ne sont pas employés de façon dépréciative. Au contraire : chacun est même encouragé à constituer lui-même son propre bagage religieux. Jésus n'est – d'un point de vue chrétien – pas tous les jours à la fête : s'il a la place qui lui revient parmi ses pairs – tels Bouddha, Socrate, Confucius, Gandhi et Albert Schweitzer –, il n'est, ici, ni fils de Dieu, ni rédempteur, sauveur ou médiateur, mais figure exemplaire, super-humaniste, maître de sagesse, phare du judaïsme, source d'inspiration dans le combat contre l'oppression, ou tout ce qu'il vous plaira.

> *Dans mon tout nouveau testament – ou testament modernisé –, professions de foi et dogmes ne jouent plus aucun rôle. (...) Toute contrainte ou prescription impérative est, de mon point de vue, exclue. Chacun est libre de choisir sa propre voie* [1].

Les choses ont aussi un autre air. La Bible est posée sur la table de lecture à côté du Coran, des Védas, de livres du Dalaï Lama et de Toon Tellegen, du journal. La chaire, montée sur roulettes, ne fait son apparition que lorsque des « cultes nostalgiques » ont lieu. A cette occasion, on ouvre au besoin le placard dans lequel recueils de cantiques, quêteuses noires, robe pastorale et objets servant à la célébration de la sainte cène sont remisés.

Il y a des jours (des dimanches) où le temple tient davantage du café-restaurant : lieu où tout individu ayant faim de nourriture spirituelle peut entrer. L'offre est riche et variée : conférences, réunions de réflexion, cours, musique, méditation,

1. Cees DEN HEYER (professeur émérite de théologie), *Het boek der verandering* [*Le livre du changement*], Amsterdam, Uitgeverij Vesuvius, 2006, p. 163.

silence, discussions débats sur des livres et des films, art, histoires pour grands et petits, poésie, bricolage spirituel, et ainsi de suite. Un seul plat fait défaut : les réponses. L'idée selon laquelle croire et vivre sont davantage affaire de questions qu'affaire de réponses, préside à la composition de la carte. Chaque plat est accompagné d'un point d'interrogation : pourquoi ce qui est existe-t-il, et quel est son sens ? Pourquoi suis-je là, qui suis-je au juste, pourquoi est-ce que je vis et qu'est-ce qui me fait vivre ? Qu'est-ce qui me rend heureux ou ne me rend pas heureux ? Qu'en est-il de notre rapport aux déceptions, à l'amour, à la mort, aux autres ? Et en quoi cela regarde-t-il Dieu ?

Voilà l'Eglise de l'avenir : prête à desservir un vaste marché religieux, à être un lieu où non seulement les fidèles se sentent à l'aise mais où les quelquechosistes peuvent trouver chaussure à leur pied, les « croyants solistes » prendre place s'ils n'ont pas envie de manger tout seuls, où il est possible aux adeptes du shopping religieux de venir faire leurs courses, où les « croyants qui planent » peuvent venir atterrir en douceur, où les « chrétiens minimistes » peuvent venir prendre un verre, où tous ceux qui ne sont pas indifférents au religieux trouveront leurs propres questions sur le menu.

Une Eglise en laquelle croire. A laquelle je crois.

Appendice : petit florilège de termes intentionnellement évités

agnosticisme, altérité, anthropomorphisme, anthropothéisme, antinomie, athéisme disjonctif, athéisme sémantique, autothéisme, basilomorphe, concordisme, condescence, contingence, constructivisme narratif, déontologique, doxologique, énigmatiquement aporétique, évidentialisme social, fictions heuristiques, fidéisme, immanent à la conscience, justification transcendantale de la foi, kenosis, lexème, maïeutique, matérialisme aléatoire, métaphysique, métaphysique de l'être, névrose ecclésiogène, onomatopéique, ontothéologique, panenthéisme, phénoménologie herméneutique, pneumatologie, prépondérance, réductionnisme épistémologique, représentation axiologique de Dieu, sensus fidelium.

Celui qui siège dans les cieux rit [...] [1]

1. Psaume 2,4 (version Louis Segond, Nouvelle édition revue, avec parallèles, 1910).

Remerciements

J'adresse mes remerciements à Gilbert Baudet, Christiane Berkvens-Stevelinck, Frans Brinkman, Nelleke Hendrikse, Myrthe Leydens, Ronald Meester, Damiaan Messing, Tonie Mudde, Annemiek Schrijver et Marian Siereveld, qui ont jeté un œil par-dessus mon épaule.

En alignant ainsi leurs noms, je ne rends pas à tous pleinement justice. C'est pourquoi je cite, une fois encore, Ronald. A Damiaan, mon implacable et infatigable coach en écriture, je tiens à adresser un nouveau témoignage de reconnaissance.

Je mentionne séparément ma fille, Rike Hendrikse. Elle a été du début à la fin ma plus fidèle supportrice et la moins indulgente de mes critiques. Chère Riekje, merci.

Harry Kuitert n'a pas non plus sa place dans la liste (ni dans aucune liste d'ailleurs). Sa pensée théologique m'a plus influencé et stimulé que je ne saurais le dire, son courage et sa grande sensibilité ont été des exemples à mes yeux. Il en va de même, et non dans une moindre mesure, de sa capacité à encaisser. J'ai appris entre-temps ce qu'être vilipendé signifie, mais c'est sans commune mesure avec le flot d'animosité déversé, injustement à mon sens, sur Kuitert. Heureusement qu'il n'était pas tout seul pour encaisser les coups. Et c'est pourquoi – elle a été trop souvent passée sous silence – je tiens aussi à faire mention d'Inga, son épouse. Ce que je ne puis dire avec des mots, je l'exprimerai en offrant à Harry Kuitert le premier exemplaire de ce livre.

J'ignore si les auteurs ont l'habitude ou non de remercier leur éditeur, mais je ne puis omettre d'évoquer l'enthousiasme et les encouragements de Pieter de Bruijn Kops, responsable de publication, ainsi que l'apport qui a été le sien dans cet excellent travail de coopération.

Ce livre a été en grande partie rédigé sous le soleil espagnol. Si je croyais en la réincarnation, ma conviction serait faite que, dans une vie antérieure, j'ai été prêtre, ou, à tout le moins, servant dans un temple de Ra en Egypte, car je suis un adorateur né de l'astre solaire. Et je me félicite de n'avoir jamais eu à douter de l'existence du soleil.

Mais, au sens propre comme au sens figuré, il ne brille pas toujours pour tout le monde, et pour moi non plus. Ce livre n'aurait pas davantage existé s'il ne s'était pas trouvé des hommes et des femmes grâce auxquels la lumière a continué de se manifester alors que commençait pour moi une période sombre. Tonnie Kostermans, Marian Siereveld et Leo Donkersloot sont la preuve vivante de ce que j'ai affirmé ci-dessus : Dieu n'existe pas, mais il se produit. Grâce à eux, ma confiance en Dieu reste au moins aussi forte que lorsque je me suis mis à écrire ce livre. Dieu merci.

Loed Loosen

Dans le sous-chapitre « Faisons plus ample connaissance », j'écrivais ceci : « C'est avant tout comme théologien mais pas seulement en tant que tel, qu'il a contribué à faire de moi ce que je suis. Ceux qui l'ont connu, percevront çà et là son "écho" dans ce livre, le verront sourire et – j'en ai bien peur – secouer la tête. »

Je ne peux plus le remercier : il est décédé en 2006.

Il continue à vivre en moi – et sans nul doute en beaucoup d'autres.

PARUTIONS RÉCENTES CHEZ LABOR ET FIDES

CET OUVRAGE
A ÉTÉ TRANSCODÉ
ET ACHEVÉ D'IMPRIMER
PAR L'IMPRIMERIE FLOCH
À MAYENNE EN AVRIL 2011

N° d'impression : 79066.
Dépôt légal : avril 2011.
(Imprimé en France)